小湊バス・九十九里バスの車両たち

text&photo ■ 編集部（2018年6月1日現在）

小湊2917（いすゞQDG-LV290N1）
小湊最新の大型ノンステップバス。現行カラーは同社がバス事業を開始した当初に採用した。（写真1）

小湊バス・九十九里バスの車両の概要

●小湊バスの車両概説

　小湊鐵道の2018年6月1日現在の保有車両数は乗合278台（高速車61台含む）、貸切37台、計315台である。メーカー別に見ると、日野90台、いすゞ87台、三菱ふそう72台、日産ディーゼル57台、日産5台、トヨタ2台、ヒュンダイ2台の順で、10年までは4メーカー、11年以降は3メーカーをバランス良く採用。90年代まで富士ボディを好んで架装していたことが特徴と言えよう。また新車はNOx・PM規制区域の塩田・姉崎・木更津に配置。経年とともに他営業所・車庫に異動している。

　一般路線では中型車と大型車がほぼ同数ずつ活躍。ツーステップ時代は中型車に前後引戸、大型車に前中引戸を採用していた。00年には中型車にワンステップバスを導入。04年の新車は中型・大型とも全車ノンステップバスと

小湊バス・九十九里バスの車両たち

九鉄281（日デKL-UA452MAN）
小湊から移籍した九鉄初のワンステップバス。同社は70年代から小湊と同じカラーリングに。（2）

小湊253（いすゞKK-LR233J1）
いすみ市から運行受託する「いすみシャトルバス」。路線・車両をHMC東京から引き継いだ。（3）

小湊1232（日野SKG-HX9JLBE）
茂原市から運行受託する「モバス」。オリジナルカラーのポンチョ2台で4系統を運行する。（4）

なり、以後はワンステップバスとノンステップバスを並行増備している。また、湾岸工業地域の通勤輸送用にはトップドアの長尺大型車、コミュニティ系路線用には小型車を使用している。16年にはHMC東京千葉営業所の路線を引き継いだため、同社からいすゞ製中型車や日野製大型車などが移籍した。

高速車はすべてハイデッカーで、トイレなしの57～60人乗りが主力。17年にヒュンダイ製が加わり、日産ディーゼル製は九鉄に移籍して姿を消した。また16年以降、三菱製といすゞ製でトイレつき54人乗りを導入している。

一般貸切車は12m尺のハイデッカーがほとんどで、57～60人乗りの三菱製と日野製。1台のみ、小型車の三菱ローザが在籍する。また契約貸切車としては、湾岸工業地域の送迎輸送用として、大型・中型のスタンダードデッカ

小湊バス・九十九里バスの車両たち

小湊3048（三菱2TG-MS06GP）
高速車にも一般路線車と同じカラーを採用。16年から後部トイレつきの車両が加わっている。
（5）

九鉄2902（いすゞQRG-RU1ASCJ）
小湊から移籍した九鉄の特急バス専用車。特徴的な金茶色のモケットは15年の新車まで採用。
（6）

ーを使用。契約先の自家用登録車を引き継いだものもある。幼児送迎輸送用としては、小型車が使用されている。

なお、小湊鐵道では千葉・袖ケ浦ナンバーの登録番号を社番としており、相互の転属の際には社番が変化する。ただし18年の木更津車庫の営業所昇格に伴い、所属車両が千葉から袖ケ浦ナンバーに変更された際は、希望ナンバーを取得して社番を維持している。

●九十九里バスの車両概説

九十九里鐵道の2018年6月1日現在の保有車両数は、乗合22台（特急車7台含む）、貸切6台、計28台となっている。メーカーは10年まで日産ディーゼル製に統一されており、現在も日産ディーゼル車が半数を占めている。

一般路線車の新製は93年が最後で、以後は小湊からの移籍が続いている。移籍車は当初、ツーステップバスであ

小湊バス・九十九里バスの車両たち

九鉄2703（三菱QRG-MS96VP）
九鉄が15年に新製した貸切車。
高速車では省略された社名の切り抜き文字が貸切車には残る。
（7）

小湊1116（三菱QKG-MP35FP）
企業の送迎を行う契約貸切車。
トップドアの路線タイプだが、切り抜き文字が貸切車の証だ。
（8）

ったが、16年に大型ワンステップバス1台、17年に中型ワンステップバス2台、18年に中型ノンステップバス2台が転入。17年には西武バスからも大型ノンステップバス1台が移籍した。

特急車は55人乗りのスタンダードデッカー1台が自社発注車、59〜60人乗りのハイデッカー6台は小湊からの移籍車である。一般貸切車は55〜58人乗りのハイデッカーで、自社発注車が2台、小湊からの移籍車が1台。移籍車は三菱＋富士ボディの希少車である。

なお、九十九里鐵道の一般路線車は3桁の社番を持ち、百位と十位が移籍年の和暦、一位が固有番号である。特急車と貸切車は4桁の社番を持ち、千位と百位が新製・移籍年の和暦、十位と一位が固有番号である。コミュニティ路線用と契約貸切用の小型車は千葉ナンバーの登録番号で呼ばれている。

359（いすゞKK-SBHW4I） (9)

673（いすゞBDG-RX6JFBJ） (10)

723（いすゞBDG-RX6JFBJ） (11)

776（いすゞKC-LR333J） (12)

1147（いすゞKK-LR233J1） (13)

1220（いすゞKK-LR233J1） (14)

1874（いすゞPA-LR234J1） (15)

2034（いすゞPDG-LR234J2） (16)

2311（いすゞPDG-LR234J2）　　(17)

2366（いすゞSDG-LR290J1）　　(18)

1180（いすゞSDG-RR7JJCJ）　　(19)

872（いすゞKC-LV380L）　　(20)

1273（いすゞKL-LV280L1）　　(21)

1396（いすゞKL-LV280L1）　　(22)

3072（いすゞKL-LV280N1）　　(23)

1575（いすゞPJ-LV234L1）　　(24)

1671（いすゞPJ-LV234L1） (25)

2220（いすゞPKG-LV234L2） (26)

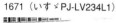

2239（いすゞPKG--LV234Q2） (27)

2333（いすゞLKG-LV234L3） (28)

2378（いすゞLKG--LV234L3） (29)

2431（いすゞQPG-LV234L3） (30)

2809（いすゞQPG-LV234L3） (31)

1215（いすゞKL-LV781R2） (32)

車両編　7

2316（いすゞLKG-RU1ESBJ） (33)

2470（いすゞQRG-RU1ASCJ） (34)

3001（いすゞQTG-RU1ASCJ） (35)

1323（いすゞQTG-RU1ASCJ） (36)

235（日産CBF-KS4E26） (37)

263（日産CBF-KS4E26） (38)

345（日産PDG-EVW41） (39)

1150（日デKK-RM252GSN） (40)

1240（日デKK-RM252GAN） (41)

1680（日デPB-RM360GAN） (42)

2117（日デPDG-RM820GAN） (43)

919（日デKC-UA460LSN） (44)

3016（日デKL-UA452MAN） (45)

1162（日デKL-UA452MAN） (46)

1383（日デKL-UA452MAN） (47)

2403（日デADG-RA273PAN） (48)

車両編 9

2054（日デPDG-RA273MAN） (49)

2137（日デPDG-RA273PAN） (50)

812（日デPDG-RA273PAN） (51)

207（トヨタKG-LH184B） (52)

369（トヨタLDF-KDH223B） (53)

807（日野BDG-HX6JLAE） (54)

1066（日野SKG-HX9JLBE） (55)　　1152（日野SKG-HX9JLBE） (56)

762（日野KC-RJ1JJAA） (57)

1144（日野KK-RJ1JJHA） (58)

1201（日野KK-RJ1JJHK） (59)

1258（日野KK-HR1JKEE） (60)

3037（日野KK-RR1JJEA） (61)

1882（日野PA-KR234J1） (62)

2036（日野PDG-KR234J2） (63)

2371（日野SDG-KR290J1） (64)

車両編 11

2803（日野SKG-KR290J1） (65)　　855（日野KC-HT2MMCA） (66)

911（日野KC-HU2MLCA） (67)　　933（日野KC-HU3KMCA） (68)

1414（日野KL-HU2PMEA） (69)　　2399（日野KL-HU2PREA） (70)

1765（日野PJ-KV234L1） (71)　　1768（日野PJ-KV234L1） (72)

2219（日野PKG-KV234L2）　　　　(73)

2330（日野LKG-KV234L3）　　　　(74)

2368（日野LKG-KV234L3）　　　　(75)

2432（日野QPG-KV234L3）　　　　(76)

1264（日野KL-RU4FSEA）　　　　(77)

2112（日野PKG-RU1ESAA）　　　　(78)

870（日野PKG-RU1ESAA）　　　　(79)

2264（日野LKG-RU1ESBA）　　　　(80)

935（日野LKG-RU1ESBA）　　　　（81）　　2380（日野QPG-RU1ESBA）　　　　（82）

984（日野QPG-RU1ESBA）　　　　（83）　　2518（日野QRG-RU1ASCA）　　　　（84）

2998（日野QTG-RU1ASCA）　　　　（85）　　202（三菱KK-BE63EE）　　　　（86）

458（三菱TPG-BE640G）　　　　（87）　　1496（三菱PA-ME17DF）　　　　（88）

763（三菱KC-MK219J） (89)

1148（三菱KK-MK23HJ） (90)

1872（三菱PA-MK25FJ） (91)

2011（三菱PDG-AR820GAN） (92)

699（三菱KC-MP217M） (93)

867（三菱KC-MP317M） (94)

1193（三菱KL-MP37JM） (95)

1727（三菱PJ-MP35JM） (96)

車両編 15

518（三菱PJ-MP35JP） (97)

1720（三菱PJ-MP37JM） (98)

2124（三菱PKG-AA274MAN） (99)

563（三菱PJ-MS86JP） (100)

1885（三菱PJ-MS86JP） (101)

1132（三菱QRG-MS96VP） (102)

2753（三菱QRG-MS96VP） (103)

2934（三菱QTG-MS96VP） (104)

1229（三菱QTG-MS96VP） (105)

1294（三菱QTG-MS96VP） (106)

3050（三菱2TG-MS06GP） (107)

1355（三菱2TG-MS06GP） (108)

2959（ヒュンダイ2DG-RD00） (109)

2501（いすゞQPG-LV234Q3） (110)

3001（いすゞPKG-RU1ESAJ） (111)

155（日産KK-BVW41） (112)

403（日産PDG-EHW41） (113)　　　203（日デKC-RM211GSN） (114)

1311（日デKK-RM252GSN） (115)　　　293（日デKK-RM252GSN） (116)

184（日デU-UA440LSN） (117)　　　291（日デKL-UA452KAN） (118)

2101（日デKC-RA531RBN） (119)　　　1611（日デKL-RA552RBN） (120)

3003（日デPKG-RA274RBN）　（121）

420（トヨタADF-KDH223B）　（122）

402（三菱KK-BE64DG）　（123）

301（三菱KK-MJ27HL）　（124）

6002（三菱U-MS826P）　（125）

3002（三菱BKG-MS96JP）　（126）

営業所別・車種別車両数

営業所＼車種	いすゞ			日産		日産ディーゼル			トヨタ		日野			三菱ふそう			ヒュンダイ	合計
	乗合	高速	貸切	乗合	貸切	乗合	高速	貸切	乗合	貸切	乗合	高速	貸切	乗合	高速	貸切	高速	
塩田営業所	26	3	1			25		3			28	6	2	13	7		1	115
姉崎車庫	8	1				11		4			9		1	2	3	7		46
木更津営業所	8	10	1			2					5	5		1	11		1	44
長南営業所	4	3	3		2	5		1			15	2		8	1	8		54
大多喜車庫	6			3		4				2	10			3				28
白子車庫	5	3				1					3	2		4	3			21
東金営業所	4	1				1								1				7
小湊鐵道合計	61	21	5	3	2	49		8		2	70	15	5	32	25	15	2	315

東金営業所	1	4		1	1	10	2	2	1					2	1	3		28
九十九里鐵道合計	1	4		1	1	10	2	2	1					2	1	3		28

現有車両一覧表

■ 小湊鐵道

ISUZU

KK-SBHW41（日産）
359 袖200か 359 03 長□

BDG-RX6JFBJ（JBUS）
673 袖200か 673 08 長○
723 袖200か 723 08 大○

KC-LR333J（富士）
2548 千200か2548 97 東○
769 袖200か 769 98 大○
775 袖200か 775 98 大○
776 袖200か 776 98 大○
2771 千200か2771 99 東○
884 袖200か 884 99 白○

KK-LR233J1（いすゞ）
1147 袖200か1147 00 白○
253 袖200か 253（02）大○
1216 袖230あ1216 04 木○
1217 千200か1217 04 東○
1344 袖200か1344 04 長○
1220 袖230あ1220 04 木○
1222 千200か1222 04 塩○

PA-LR234J1（JBUS）
1874 千200か1874 07 塩○

PDG-LR234J2（JBUS）
2034 千200か2034 08 塩○
2311 千200か2311 11 塩○

SDG-LR290J1（JBUS）
2366 千200か2366 12 姉○

SDG-RR7JJCJ（JBUS）
1180 袖200か1180 15 木□
1305 袖200か1305 17 長□
1306 袖200か1306 17 長□

KC-LV380L（富士）
712 袖200か 712 96 大○
871 袖200か 871 99 白○
872 袖200か 872 99 長○
920 袖200か 920 00 白○

KL-LV280L1（JBUS）
1273 袖200か1273 05 長○
3047 千200か3047 05 東○
1396 袖200か1396 05 塩○
1289 袖200か1289 05 白○

KL-LV280N1（いすゞ）
3072 千200か3072（04）塩□

PJ-LV234L1（JBUS）
1574 千200か1574 06 姉○
1575 袖230あ1575 06 木○
1643 千200か1643 06 塩○
1644 千200か1644 06 塩○
1645 千200か1645 06 塩○
1646 千200か1646 06 塩○
1647 千200か1647 06 塩○
1670 千200か1670 06 塩○
1671 千200か1671 06 塩○
1672 千200か1672 06 塩○
1674 千200か1674 06 塩○
1676 千200か1676 06 塩○
1875 千200か1875 07 塩○

PKG-LV234L2（JBUS）

2220 千200か2220 10 塩○
2221 千200か2221 10 姉○

PKG-LV234Q2（JBUS）
2238 千200か2238 10 姉○
2239 千200か2239 10 姉○

LKG-LV234L3（JBUS）
2332 千200か2332 11 塩○
2333 千200か2333 11 塩○
2367 袖230あ2367 12 木○
2378 袖230あ2378 12 木○

QPG-LV234L3（JBUS）
2431 千200か2431 12 塩○
2591 千200か2591 14 塩○
2592 千200か2592 14 塩○
2593 千200か2593 14 塩○
2745 袖230あ2745 15 木○
2774 千200か2774 15 姉○
2806 千200か2806 16 塩○
2809 千200か2809 16 塩○

QDG-LV290N1（JBUS）
2863 千200か2863 16 姉○
2882 千200か2882 16 姉○
2894 袖230あ2894 16 木○
2917 袖230あ2917 16 木○
2925 千200か2925 16 塩○

KL-LV781R2（いすゞ）
1357 袖200か1357 03 長◎
1215 袖230あ1215 04 木◎

PKG-RU1ESAJ（JBUS）
1999 袖230あ1999 07 木◎

2001 袖230あ2001 07 木◎
2084 袖230あ2084 09 木◎
 747 袖200か 747 09 白◎
2207 千200か2207 10 東◎

LKG-RU1ESBJ（JBUS）
2265 千200か2265 10 姉○
2316 袖230あ2316 11 木◎
2377 千200か2377 12 塩○

QRG-RU1ASCJ（JBUS）
2444 袖230あ2444 12 木◎
2454 袖230あ2454 12 木◎
2470 袖230あ2470 12 木◎
2516 袖230あ2516 13 木◎

QTG-RU1ASCJ（JBUS）
3001 千200か3001 17 塩○
3010 袖230あ3010 17 木◎
3020 千200か3020 17 塩○
1317 袖200か1317 17 長○
1318 袖200か1318 17 長○
1321 袖200か1321 17 白◎
1323 袖200か1323 17 白◎

NISSAN

CBF-KS4E26（日産）
 235 袖200あ 235 14 大○
 236 袖200あ 236 14 大○
 263 袖200あ 263 18 大○

PDG-EVW41（日産）
 344 袖200あ 344 09 長□
 345 袖200あ 345 09 長□

NISSAN DIESEL

KC-RM211GSN（富士）
2550 千200か2550 99 東○

KK-RM252GSN（富士）
1145 袖200か1145 00 大○
1150 袖200か1150 00 長○

KK-RM252GSN（西工）
1290 袖200か1290 03 長○
1293 袖200か1293 03 大○
1036 千200か1036 03 塩○
1292 袖200か1292 03 大○
1315 袖200か1315 03 大○
1045 千200か1045 03 塩○
1047 千200か1047 03 塩○
1048 千200か1048 03 塩○

KK-RM252GAN（西工）
1235 千200か1235 04 塩○
1240 千200か1240 04 姉○
1241 千200か1241 04 姉○
1245 千200か1245 04 塩○
1246 千200か1246 04 塩○

PB-RM360GAN（西工）
1615 千200か1615 06 姉○
1616 千200か1616 06 姉○
1617 千200か1617 06 塩○
1618 千200か1618 06 塩○
1619 千200か1619 06 姉○
1680 千200か1680 06 塩○
1681 千200か1681 06 塩○
1682 袖230あ1682 06 木◎
1683 千200か1683 06 姉○
1865 千200か1865 07 塩○
1866 袖230あ1866 07 木◎
1867 千200か1867 07 塩○

PDG-RM820GAN（西工）
2008 千200か2008 08 姉○
2009 千200か2009 08 塩○
2115 千200か2115 09 塩○
2116 千200か2116 09 塩○

2117 千200か2117 09 塩○
2126 千200か2126 09 姉○
2127 千200か2127 09 姉○
2209 千200か2209 10 塩○
2210 千200か2310 10 塩○

KC-UA460LSN（富士）
 865 袖200か 865 99 長○
1341 袖200か1341 99 長○
 919 袖200か 919 00 長○

KL-UA452MAN（西工）
1310 袖200か1310 03 姉□
 353 袖200か 353 03 姉□
3016 千200か3016 03 塩□
1162 千200か1162（04）塩□
1377 千200か1377 05 姉○
1263 袖200か1263 05 白○
1382 千200か1382 05 塩○
1383 千200か1383 05 塩○

ADG-RA273PAN（西工）
2403 千200か2403 06 姉○
2404 千200か2404 06 姉○
2406 千200か2406 06 姉○

PDG-RA273MAN（西工）
2054 千200か2054 08 塩□
1336 袖200か1336 09 長□

PDG-RA273PAN（西工）
2137 千200か2137 09 塩○
2138 千200か2138 09 塩○
 812 袖200か 812 09 姉□
 813 袖200か 813 09 姉□

TOYOTA

KG-LH184B（トヨタ）
 207 袖200あ 207 04 大□

LDF-KDH223B（トヨタ）
369 袖200あ 369(11)大□

HINO

BDG-HX6JLAE（JBUS）
805 袖200か 805 09 大○
807 袖200か 807 09 大○

SKG-HX9JLBE（JBUS）
960 袖200か 960 12 長○
1066 袖200か1066 13 白○
1131 袖200か1131 14 大○
1152 袖200か1152 15 長○
1232 袖200か1232 16 長○
1309 袖200か1309 17 長○

KC-RJ1JJAA（日野）
762 袖200か 762 98 大○
854 袖200か 854 99 長○

KK-RJ1JJHA（日野）
1136 袖200か1136 00 大○
1144 袖200か1144 00 長○

KK-RJ1JJHK（日野）
1195 袖200か1195 03 長○
1201 袖200か1201 03 長○
1221 袖200か1221 03 長○
1262 袖200か1262 03 長○
1265 袖200か1265 03 長○
1270 袖200か1270 03 大○
1267 袖200か1267 03 大○
1260 袖200か1260 03 長○

KK-HR1JKEE（日野）
1252 千200か1252 04 塩○
1253 千200か1253 04 塩○
1257 千200か1257 04 姉○
1258 千200か1258 04 姉○

1262 千200か1262 04 塩○

KK-RR1JJEA（日野）
3037 千200か3037（00）塩□
2468 千200か2468（00）塩□

PA-KR234J1（JBUS）
1882 千200か1882 07 塩○

PDG-KR234J2（JBUS）
2036 千200か2036 08 姉○
2312 千200か2312 11 塩○

SDG-KR290J1（JBUS）
2371 千200か2371 12 姉○

SKG-KR290J1（JBUS）
2594 千200か2594 14 塩○
2595 千200か2595 14 塩○
2596 千200か2596 14 塩○
2751 千200か2751 15 塩○
2758 千200か2758 15 塩○
2803 袖230あ2803 16 木○
2855 千200か2855 16 姉○
2860 袖230あ2860 16 木○
2865 千200か2865 16 塩○
2874 千200か2874 16 姉○
2880 千200か2880 16 塩○

KC-HT2MMCA（日野）
855 袖200か 855 99 大○

KC-HU2MLCA（日野）
907 袖200か 907（98）長○
908 袖200か 908（98）白○
909 袖200か 909（98）白○
911 袖200か 911（98）大○
976 袖200か 976（98）大○

KC-HU3KMCA（日野）

933 袖200か 933 00 長○
934 袖200か 934 00 長○

KL-HU2PMEA（JBUS）
1412 袖230あ1412 05 木○
1413 千200か1413 05 姉○
1414 千200か1414 05 塩○
1415 千200か1415 05 塩○

KL-HU2PREA（JBUS）
2399 千200か2399 05 姉○
2402 千200か2402 05 姉○

PJ-KV234L1（JBUS）
1577 千200か1577 06 塩○
1578 千200か1578 06 塩○
1764 千200か1764 06 塩○
1765 千200か1765 06 塩○
1766 千200か1766 06 塩○
1767 千200か1767 06 塩○
1768 千200か1768 06 塩○
1883 千200か1883 07 塩○

PKG-KV234L2（JBUS）
2017 千200か2017 08 塩○
2018 千200か2018 08 塩○
2019 千200か2019 08 塩○
2219 千200か2219 10 塩○

LKG-KV234L3（JBUS）
2330 千200か2330 11 塩○
2331 千200か2331 11 塩○
2368 袖230あ2368 11 木○

QPG-KV234L3（JBUS）
2432 袖230あ2432 12 木○

KL-RU4FSEA（日野）
1264 袖230あ1264 04 木◎

PKG-RU1ESAA（JBUS）
2112 袖230あ2112 09 木◯
 748 袖200か 748 09 白◯
2208 千200か2208 10 塩◯
 870 袖200か 870 10 長☐

LKG-RU1ESBA（JBUS）
2264 千200か2264 10 塩◎
2317 千200か2317 11 塩◯
2318 千200か2318 11 塩◯
 935 袖200か 935 11 姉☐

QPG-RU1ESBA（JBUS）
2380 袖230あ2380 12 木◎
 984 袖200か 984 12 長☐

QRG-RU1ASCA（JBUS）
2445 袖230あ2445 12 木◎
2457 千200か2457 12 塩◯
2518 千200か2518 13 塩◯
1022 袖200か1022 13 長◎
1037 袖200か1037 13 長◎

QTG-RU1ASCA（JBUS）
2998 袖230あ2998 17 木◎
1327 袖200か1327 17 白◎

MITSUBISHI FUSO

KK-BE63EE（三菱）
 116 袖200あ 116 01 長◯
 201 袖200あ 201 01 長◯
 202 袖200あ 202 01 長◯

TPG-BE640G（MFBM）
 458 袖200あ 458 16 長☐

PA-ME17DF（MFBM）
1496 千200か1496 05 塩◯

KC-MK219J（MBM）
 763 袖200か 763 98 大◯
 770 袖200か 770 98 大◯
 880 袖200か 880 99 大◯

KK-MK23HJ（MBM）
1148 袖200か1148 00 長◯

KK-MJ27HL（MFBM）
1144 千200か1144 04 塩◯
1147 千200か1147 04 塩◯
1148 千200か1148 04 塩◯
1314 袖200か1314 04 長◯
1152 千200か1152 04 塩◯

PA-MK25FJ（MFBM）
1872 千200か1872 07 塩◯

PDG-AR820GAN（西工）
2010 千200か2010 08 塩◯
2011 千200か2011 08 塩◯

KC-MP217M（富士）
 699 袖200か 699 96 長◯

KC-MP317M（MBM）
2552 千200か2552 99 東◯
 846 袖200か 846 99 白◯
 867 袖200か 867 99 長◯
 926 袖200か 926 00 長◯

KL-MP37JM（MFBM）
1193 袖200か1193 04 白◯
1211 袖200か1211 04 白◯
1222 袖200か1222 04 白◯

PJ-MP35JM（MFBM）
1725 千200か1725 06 姉◯
1726 袖230あ1726 06 木◯
1727 千200か1727 06 姉◯

1873 千200か1873 07 塩◯

PJ-MP35JP（MFBM）
 512 袖200か 512 06 姉☐
 513 袖200か 513 06 姉☐
 518 袖200か 518 06 姉☐
 519 袖200か 519 06 姉☐

PJ-MP37JM（MFBM）
1719 千200か1719 06 塩◯
1720 千200か1720 06 塩◯

PKG-AA274MAN（西工）
2124 千200か2124 09 塩◯
2125 千200か2125 09 塩◯

QKG-MP35FP（MFBM）
1116 袖200か1116 14 姉☐

PJ-MS86JP（MFBM）
1728 袖230あ1728 06 木◎
 562 袖200か 562 06 長☐
 563 袖200か 563 06 長☐
 564 袖200か 564 06 長☐
1884 袖230あ1884 07 木◎
1885 袖230あ1885 07 木◎

QRG-MS96VP（MFBM）
1064 袖200か1064 13 姉☐
1132 袖200か1132 14 長☐
2753 袖230あ2753 15 木◎
1200 袖200か1200 15 長☐
1214 袖200か1214 15 長◎

QTG-MS96VP（MFBM）
2934 千200か2934 16 塩◎
1229 袖200か1229 16 白◎
1294 袖200か1294 16 姉☐
1295 袖200か1295 16 白◎
2952 千200か2952 17 塩◎

2953 千200か2953 17 塩◎	3048 千200か3048 18 塩◎	1353 袖200か1353 18 長□
2954 千200か2954 17 塩◎	3050 袖230あ3050 18 木◎	1355 袖200か1355 18 長□
2986 袖230あ2986 17 木◎	3053 千200か3053 18 塩◎	
2987 袖230あ2987 17 木◎	3054 袖230あ3054 18 木◎	## HYUNDAI
1319 袖200か1319 17 白◎	3056 袖230あ3056 18 木◎	
	3064 袖230あ3064 18 木◎	2DG-RD00(現代)
2TG-MS06GP(MFBM)	3065 袖230あ3065 18 木◎	2959 袖230あ2959 17 木◎
3034 千200か3034 17 姉◎	3069 千200か3069 18 塩◎	2965 千200か2965 17 塩◎
3035 千200か3035 17 姉◎	3071 千200か3071 18 姉◎	

■ 九十九里鐵道

ISUZU

KK-RM252GSN(富士)
 1311 千200か 540 01 東□

KC-LR333J(富士)
 282 千200か2873(96)東○

KK-RM252GSN(西工)
 292 千200か1039(03)東○
 293 千200か2981(03)東○

QPG-LV234Q3(JBUS)
 2501 千200か2495 13 東◎

U-UA440LSN(富士)
 182 千 22か3826(94)東○
 184 千 22か3828(94)東○

PKG-RU1ESAJ(JBUS)
 3001 千200か2113(09)東◎

KC-UA460LSN(富士)
 211 千 22か4223(98)東○

QRG-RU1ASCJ(JBUS)
 2901 千200か2989(13)東◎
 2902 千200か2990(13)東◎

KL-UA452KAN(西工)
 291 千200か2973(03)東○

NISSAN

KL-UA452MAN(西工)
 281 千200か1004(03)東○

KK-BVW41(日産)
 155 千200あ 155 01 東○

KC-RA531RBN(富士)
 2101 千200か 168(99)東○

PDG-EHW41(日産)
 403 千200あ 403(08)東□

KL-RA552RBN(西工)
 1611 千200か1165 04 東□

NISSAN DIESEL

PKG-RA274RBN(西工)
 3003 千200か2023(08)東◎

KC-RM211GSN(富士)
 203 千 22か4076(96)東○
 212 千200か 44(98)東○
 214 千200か 46(98)東○

TOYOTA

ADF-KDH223B(トヨタ)
 420 千200あ 420 10 東○

MITSUBISHI FUSO

KK-BE64DG(三菱)
 402 千200あ 402(99)東□

KK-MJ27HL(MFBM)
 301 千200か1145(04)東○
 302 千200か1146(04)東○

U-MS826P(富士)
 6002 千200か2338(94)東□

BKG-MS96JP(MFBM)
 3002 千200か2022(08)東◎

QRG-MS96VP(MFBM)
 2703 千200か2680 15 東□

●現有車両一覧表凡例

KK-LR233J1（いすゞ）
　①　　　　　②

<u>253</u> <u>袖</u><u>200か253</u><u>(02)</u><u>大</u> <u>○</u>
③　④　　　　⑤　⑥　⑦

①車台型式（改は省略）
②ボディメーカー
③社番（P3・4参照）
④登録番号
　千：千葉／袖：袖ケ浦
⑤年式（登録年西暦の下2桁）
　（　）：移籍車の新製時登録年
⑥所属営業所
　塩：小湊鐵道塩田／姉：姉崎／木：木更津／長：長南／大：大多喜／白：白子／東：小湊鐵道・九十九里鐵道東金
⑦用途
　○：一般路線車／◎：高速・特急車／□：貸切車

現有車両車種別解説

■小湊鐵道

ISUZU

●KK-SBHW41　　　　　　　　（9）
　機関TD42、軸距3690mmの中型リーフサス車。中折戸・銀枠引き違い窓のジャーニーロングボディ。幼児45人乗りの契約貸切車である。

●BDG-RX6JFBJ　　　　　（10・11）
　機関J05D、軸距3550mmの小型エアサス車。前中折戸（中扉ステップリフトつき）・黒枠引き違い窓のジャーニーJ。35人乗りの路線車。673は「市原市コミュニティバス（コスモス南総）」に使用されている。

●KC-LR333J　　　　　　　　（12）
　機関6HH1、軸距4400mmの中型リーフサス車。前後引戸・銀枠2段窓の富士ボディを持つツーステップバスで、冷房装置は富士重工製。53人乗りの路線車。1台が九十九里鐵道に移籍した。

●KK-LR233J1　　　　（3・13・14）
　機関6HH1、軸距4400mmの中型エアサス車。1147・253は前中引戸・黒枠逆T字型窓のエルガミオワンステップバスで、冷房装置はゼクセル製。60・57人乗りの路線車。HMC東京から引き継いだ253は「いすみシャトルバス」に使用されている。1216・1217・1344・1220・1222は前中引戸・黒枠逆T字型窓のエルガミオノンステップバスで、冷房装置はサーモキング製。56人乗りの路線車である。

●PA-LR234J1　　　　　　　（15）
　機関6HK1、軸距4400mmの中型エアサス車。前中引戸・黒枠逆T字型窓のエルガミオワンステップバスで、冷房装置はサーモキング製。57人乗りの路線車である。

●PDG-LR234J2　　　　　（16・17）
　機関6HK1、軸距4400mmの中型エアサス車。2034は前中引戸・黒枠逆T字型窓のエルガミオワンステップバスで、冷房装置はサーモキング製。57人乗りの路線車である。2311は前中引戸・黒枠逆T字型窓のエルガミオワンステップバスで、冷房装置はデンソー製。57人乗りの路線車である。

●SDG-LR290J1　　　　　　（18）
　機関4HK1、軸距4400mmの中型エアサス車。前中引戸・黒枠逆T字型窓のエルガミオワンステップバスで、冷房装置はデンソー製。57人乗りの路線車である。

●SDG-RR7JJCJ　　　　　　　（19）
　機関J07E、軸距4490mmの中型エアサス車。前折戸・黒枠引き違い窓のガーラミオで、冷房装置はデンソー製。42人乗りの契約貸切車である。
●KC-LV380L　　　　　　　　（20）
　機関8PE1、軸距4800mmの大型リーフサス車。前中引戸・銀枠2段窓の富士ボディを持つツーステップバスで、冷房装置はゼクセル製。78人乗りの路線車である。
●KL-LV280L1　　　　　　（21・22）
　機関8PE1、軸距4800mmの大型エアサス車。前中引戸・黒枠逆T字型窓のエルガワンステップバスで、冷房装置はサーモキング製。73人乗りの路線車。1396は帝京平成大学の通学輸送に使用されている。
●KL-LV280N1　　　　　　　（23）
　機関8PE1、軸距5300mmの大型エアサス車。前折戸・銀枠引き違い窓のエルガツーステップバスで、冷房装置はサーモキング製。自家用登録車を引き継いだ71人乗りの契約貸切車である。
●PJ-LV234L1　　　　　　（24・25）
　機関6HK1、軸距4800mmの大型エアサス車。1574・1575・1670は前中引戸・黒枠逆T字型窓のエルガノンステップバスで、冷房装置はサーモキング製。73人乗りの路線車である。1643〜1647・1671・1672・1674・1676・1875は前中引戸・黒枠逆T字型窓のエルガワンステップバスで、冷房装置はサーモキング製。75人乗りの路線車である。
●PKG-LV234L2　　　　　　　（26）
　機関6HK1、軸距4800mmの大型エアサス車。前中引戸・黒枠逆T字型窓のエルガノンステップバスで、冷房装置はデンソー製。73人乗りの路線車である。
●PKG-LV234Q2　　　　　　　（27）
　機関6HK1、軸距5800mmの大型エアサス車。前中引戸・黒枠逆T字型窓のエルガワンステップバスで、冷房装置はデンソー製。ワンロマ仕様86人乗りの路線車である。
●LKG-LV234L3　　　　　　（28・29）
　機関6HK1、軸距4800mmの大型エアサス車。2332・2333は前中引戸・黒枠逆T字型窓のエルガノンステップバスで、冷房装置はデンソー製。73人乗りの路線車である。2367・2378は前中引戸・黒枠逆T字型窓のエルガワンステップバスで、冷房装置はデンソー製。76人乗りの路線車である。
●QPG-LV234L3　　　　　　（30・31）
　機関6HK1、軸距4800mmの大型エアサス車。2431は前中引戸・黒枠逆T字型窓のエルガワンステップバスで、冷房装置はデンソー製。76人乗りの路線車である。2591〜2593・2745・2774・2806・2809は前中引戸・黒枠逆T字型窓のエルガノンステップバスで、冷房装置はデンソー製。73人乗りの路線車である。
●QDG-LV290N1　　　　　　　（1）
　機関4HK1、軸距5300mmの大型エアサス車。前中引戸・黒枠逆T字型窓のエルガノンステップバスで、冷房装置はデンソー製。76人乗りの路線車である。
●KL-LV781R2　　　　　　　（32）
　機関10PE1、軸距6150mmの大型エアサス車。スイングドア・T字型窓のガーラHDで、冷房装置はサブエンジン式。60人乗りの高速車である。
●PKG-RU1ESAJ　　　　　　（111）
　機関E13C、軸距6080mmの大型エアサス車。スイングドア・T字型窓のガ

ーラHDで、冷房装置は直結式。59人乗りの高速車。1台が九十九里鐵道に移籍した。
●LKG-RU1ESBJ　　　　　　　（33）
　機関E13C、軸距6080mmの大型エアサス車。スイングドア・T字型窓のガーラHDで、冷房装置は直結式。57人乗りの高速車である。
●QRG-RU1ASCJ　　　　　（6・34）
　機関A09C、軸距6080mmの大型エアサス車。スイングドア・T字型窓のガーラHDで、冷房装置は直結式。60人乗りの高速車。2台が九十九里鐵道に移籍した。
●QTG-RU1ASCJ　　　　（35・36）
　機関A09C、軸距6080mmの大型エアサス車。スイングドア・T字型窓のガーラHDで、冷房装置は直結式。3001はトイレつき54人乗りの高速車、3010・3020・1317・1318・1321・1323は60人乗りの高速車である。

NISSAN
●CBF-KS4E26　　　　　　（37・38）
　機関QR25DE、軸距2940mmのワンボックスタイプ。ガソリン仕様のキャラバン。9人乗りの路線車。「勝浦市デマンドバス」「御宿町エビアミー号」に使用されている。
●PDG-EVW41　　　　　　　（39）
　機関ZD30DD、軸距3310mmの小型リーフサス車。中折戸・銀枠引き違い窓のシビリアン標準ボディで、345のみダルメシアンスタイル。幼児40人乗りの契約貸切車である。

NISSAN DIESEL
●KC-RM211GSN　　　　　　（114）
　機関FE6E、軸距4280mmの中型リーフサス車。前後引戸・銀枠2段窓の富士ボディを持つツーステップバスで、冷房装置は富士重工製。53人乗りの路線車。3台が九十九里鐵道に移籍した。
●KK-RM252GSN　　　　（40・116）
　機関FE6F、軸距4280mmの中型リーフサス車。1145・1150は前中折戸・銀枠2段窓の富士ボディを持つワンステップバスで、冷房装置は富士重工製。57人乗りの路線車である。1290・1293・1036・1292・1315・1045・1047・1048は前中引戸・黒枠逆T字型窓の西工ボディを持つワンステップバスで、冷房装置はデンソー製。53人乗りの路線車。2台が九十九里鐵道に移籍した。
●KK-RM252GAN　　　　　　（41）
　機関FE6F、軸距4280mmの中型エアサス車。前中引戸・黒枠逆T字型窓の西工ボディを持つノンステップバスで、冷房装置はデンソー製。52人乗りの路線車である。
●PB-RM360GAN　　　　　　（42）
　機関J07E、軸距4300mmの中型エアサス車。前中引戸・黒枠逆T字型窓のスペースランナーRMワンステップバスで、冷房装置はデンソー製。52人乗りの路線車である。
●PDG-RM820GAN　　　　　（43）
　機関6M60、軸距4300mmの中型エアサス車。前中引戸・黒枠逆T字型窓のスペースランナーRMワンステップバスで、冷房装置はデンソー製。54・53人乗りの路線車である。
●KC-UA460LSN　　　　　　（44）
　機関PG6、軸距5240mmの大型リーフサス車。前中引戸・銀枠2段窓の富士ボディを持つツーステップバスで、冷房装置は富士重工製。84人乗りの路線車。1台が九十九里鐵道に移籍した。
●KL-UA452MAN　　　　（2・45～47）
　機関PF6、軸距5300mmの大型エアサス車。1310・353・3016・1162は観光

マスク・前折戸・黒枠引き違い窓の西工ボディを持つツーステップバスで、冷房装置はデンソー製。1310・353・3016は60人乗りの契約貸切車、九十九里鐵道から移籍した1162は55人乗りの特急車転用契約貸切車である。1377・1263・1382・1383は前中引戸・黒枠逆T字型窓の西工ボディを持つワンステップバスで、冷房装置はデンソー製。72人乗りの路線車。1382・1383は帝京平成大学の通学輸送に使用され、1台が九十九里鐵道に移籍した。

● **ADG-RA273PAN** (48)
　機関MD92、軸距5800mmの大型エアサス車。前折戸・黒枠引き違い窓のスペースランナーRAツーステップバスで、冷房装置はデンソー製。60人乗りの路線車である。

● **PDG-RA273MAN** (49)
　機関MD92、軸距5300mmの大型エアサス車。前折戸・黒枠引き違い窓のスペースランナーRAツーステップバスで、冷房装置はデンソー製。50人乗りの契約貸切車である。

● **PDG-RA273PAN** (50・51)
　機関MD92、軸距5800mmの大型エアサス車。観光マスク・前折戸・黒枠引き違い窓のスペースランナーRAツーステップバスで、冷房装置はデンソー製。2137・2138は55人乗りの路線車、812・813は75人乗りの契約貸切車である。

TOYOTA

● **KG-LH184B** (52)
　機関5L、軸距2890mmのワンボックスタイプ。ディーゼル仕様のハイエースコミューター。14人乗りの契約貸切車である。

● **LDF-KDH223B** (53)
　機関1KD、軸距3110mmのワンボックスタイプ。ディーゼル仕様のハイエースコミューター。HMC東京から引き継いだ13人乗りの契約貸切車である。

HINO

● **BDG-HX6JLAE** (54)
　機関J05D、軸距4825mmの小型エアサス車。1扉・逆T字型窓のポンチョロング。32人乗りの路線車。「いすみ市内循環バス」に使用されている。

● **SKG-HX9JLBE** (4・55・56)
　機関J05E、軸距4825mmの小型エアサス車。2扉・固定窓のポンチョロング。35人乗りの路線車。960・1066は「大網白里市コミュニティバス」、1232・1309は「茂原市市民バス(モバス)」に使用されている。

● **KC-RJ1JJAA** (57)
　機関J08C、軸距4490mmの中型リーフサス車。前後引戸・銀枠2段窓のレインボーRJツーステップバスで、冷房装置はデンソー製。57人乗りの路線車である。

● **KK-RJ1JJHA** (58)
　機関J08C、軸距4490mmの中型リーフサス車。前中折戸・銀枠2段窓のレインボーRJツーステップバスで、冷房装置はデンソー製。60人乗りの路線車である。

● **KK-RJ1JJHK** (59)
　機関J08C、軸距4490mmの中型リーフサス車。前中引戸・黒枠逆T字型窓のレインボーRJワンステップバスで、冷房装置はデンソー製。57人乗りの路線車である。

● **KK-HR1JKEE** (60)
　機関J08C、軸距4600mmの中型エアサス車。前中引戸・黒枠逆T字型窓のレインボーHRノンステップバスで、冷房装置はデンソー製。49人乗りの路線車である。

●KK-RR1JJEA　　　　　　　　　(61)
　機関J08C、軸距4490㎜の中型エアサス車。前折戸・黒枠引き違い窓のメルファで、冷房装置はデンソー製。自家用登録車を引き継いだ46人乗りの契約貸切車である。

●PA-KR234J2　　　　　　　　　(62)
　機関6HK1、軸距4400㎜の中型エアサス車。前中引戸・黒枠逆T字型窓のレインボーⅡワンステップバスで、冷房装置はデンソー製。57人乗りの路線車である。

●PDG-KR234J2　　　　　　　　(63)
　機関6HK1、軸距4400㎜の中型エアサス車。前中引戸・黒枠逆T字型窓のレインボーⅡワンステップバスで、冷房装置はデンソー製。57人乗りの路線車である。

●SDG-KR290J1　　　　　　　　(64)
　機関4HK1、軸距4400㎜の中型エアサス車。前中引戸・黒枠逆T字型窓のレインボーⅡワンステップバスで、冷房装置はデンソー製。57人乗りの路線車である。

●SKG-KR290J1　　　　　　　　(65)
　機関4HK1、軸距4400㎜の中型エアサス車。前中引戸・黒枠逆T字型窓のレインボーⅡワンステップバスで、冷房装置はデンソー製。57人乗りの路線車である。

●KC-HT2MMCA　　　　　　　　(66)
　機関M10U、軸距5200㎜の大型リーフサス車。前中引戸・銀枠２段窓のブルーリボンHTツーステップバスで、冷房装置はデンソー製。85人乗りの路線車である。

●KC-HU2MLCA　　　　　　　　(67)
　機関M10U、軸距4800㎜の大型エアサス車。前中４枚折戸・黒枠逆T字型窓のブルーリボンHUワンステップバスで、冷房装置はデンソー製。横浜市交通局からHMC東京を経て移籍した72人乗りの路線車である。

●KC-HU3KMCA　　　　　　　　(68)
　機関K13U、軸距5200㎜の大型エアサス車。前折戸・黒枠引き違い窓のブルーリボンHUツーステップバスで、冷房装置はデンソー製。76人乗りの路線車である。

●KL-HU2PMEA　　　　　　　　(69)
　機関P11C、軸距5200㎜の大型エアサス車。前中引戸・黒枠逆T字型窓のブルーリボンシティワンステップバスで、冷房装置はデンソー製。74人乗りの路線車である。

●KL-HU2PREA　　　　　　　　(70)
　機関P11C、軸距5915㎜の大型エアサス車。前折戸・黒枠引き違い窓のブルーリボンシティツーステップバスで、冷房装置はデンソー製。60人乗りの路線車である。

●PJ-KV234L1　　　　　　　　(71・72)
　機関6HK1、軸距4800㎜の大型エアサス車。1577・1578・1764・1765は前中引戸・黒枠逆T字型窓のブルーリボンⅡノンステップバスで、冷房装置はデンソー製。73人乗りの路線車である。1766〜1768・1883は前中引戸・黒枠逆T字型窓のレインボーⅡワンステップバスで、冷房装置はデンソー製。75人乗りの路線車である。

●PKG-KV234L2　　　　　　　　(73)
　機関6HK1、軸距4800㎜の大型エアサス車。前中引戸・黒枠逆T字型窓のブルーリボンⅡノンステップバスで、冷房装置はデンソー製。73人乗りの路線車である。2017・2019は帝京平成大学の通学輸送に使用されている。

●LKG-KV234L3　　　　　　　(74・75)
　機関6HK1、軸距4800㎜の大型エア

サス車。2330・2331は前中引戸・黒枠逆T字型窓のブルーリボンⅡノンステップバスで、冷房装置はデンソー製。73人乗りの路線車である。2368は前中引戸・黒枠逆T字型窓のブルーリボンⅡワンステップバスで、冷房装置はデンソー製。76人乗りの路線車である。

●QPG-KV234L3 　　　　　　　(76)
　機関6HK1、軸距4800mmの大型エアサス車。前中引戸・黒枠逆T字型窓のブルーリボンⅡワンステップバスで、冷房装置はデンソー製。76人乗りの路線車である。

●KL-RU4FSEA 　　　　　　　(77)
　機関F21C、軸距6200mmの大型エアサス車。スイングドア・T字型窓のセレガFDで、冷房装置はサブエンジン式。60人乗りの高速車である。

●PKG-RU1ESAA 　　　　　(78・79)
　機関E13C、軸距6080mmの大型エアサス車。スイングドア・T字型窓のセレガHDで、冷房装置は直結式。2112・748・2208は59人乗りの高速車、870は60人乗りの貸切車である。

●LKG-RU1ESBA 　　　　　(80・81)
　機関E13C、軸距6080mmの大型エアサス車。スイングドア・T字型窓のセレガHDで、冷房装置は直結式。2264・2317・2318は57人乗りの高速車、935は57人乗りの貸切車である。

●QPG-RU1ESBA 　　　　　(82・83)
　機関E13C、軸距6080mmの大型エアサス車。スイングドア・T字型窓のセレガHDで、冷房装置は直結式。2380は57人乗りの高速車、984は57人乗りの貸切車である。

●QRG-RU1ASCA 　　　　　　(84)
　機関A09C、軸距6080mmの大型エアサス車。スイングドア・T字型窓のセレガHDで、冷房装置は直結式。60人乗りの高速車である。

●QTG-RU1ASCA 　　　　　　(85)
　機関A09C、軸距6080mmの大型エアサス車。スイングドア・T字型窓のセレガHDで、冷房装置は直結式。60人乗りの高速車である。

MITSUBISHI FUSO

●KK-BE63EE 　　　　　　　(86)
　機関4M51、軸距3490mmの小型リーフサス車。中折戸・銀枠引き違い窓のローザショートボディ。25人乗りの路線車で、「長柄町町民バス」「長南町巡回バス」に使用されている。

●TPG-BE640G 　　　　　　　(87)
　機関4P10、軸距3995mmの小型リーフサス車。スイングドア・黒枠引き違い窓のローザロングボディ。28人乗りの貸切車である。

●PA-ME17DF 　　　　　　　(88)
　機関4M50、軸距3560mmの小型エアサス車。前中折戸・銀枠逆T字型窓のエアロミディMEノンステップバスで、冷房装置は三菱製。31人乗りの路線車である。

●KC-MK219J 　　　　　　　(89)
　機関6D17、軸距4390mmの中型リーフサス車。前後引戸・銀枠２段窓のエアロミディMKツーステップバスで、冷房装置は三菱製。57・52人乗りの路線車である。

●KK-MK23HJ 　　　　　　　(90)
　機関6M61、軸距4390mmの中型リーフサス車。前後引戸・銀枠逆T字型窓のエアロミディMKツーステップバスで、冷房装置は三菱製。57人乗りの路線車である。

●KK-MJ27HL 　　　　　　　(124)
　機関6M61、軸距5260mmの中型エアサス車。前中引戸・銀枠逆T字型窓のエアロミディMJノンステップバスで、

冷房装置はデンソー製。56人乗りの路線車。2台が九十九里鐵道に移籍した。
●PA-MK25FJ (91)
　機関6M60、軸距4390mmの中型エアサス車。前中引戸・銀枠逆T字型窓のエアロミディMKワンステップバスで、冷房装置はデンソー製。56人乗りの路線車である。
●PDG-AR820GAN (92)
　機関6M60、軸距4300mmの中型エアサス車。前中引戸・黒枠逆T字型窓のエアロミディSワンステップバスで、冷房装置はデンソー製。54人乗りの路線車である。
●KC-MP217M (93)
　機関6D24、軸距5300mmの大型リーフサス車。前中引戸・銀枠2段窓の富士ボディを持つツーステップバスで、冷房装置は富士重工製。81人乗りの路線車である。
●KC-MP317M (94)
　機関6D24、軸距5300mmの大型リーフサス車。前中引戸・銀枠逆T字型窓のエアロスターツーステップバスで、冷房装置はデンソー製。82人乗りの路線車である。
●KL-MP37JM (95)
　機関6M70、軸距5300mmの大型エアサス車。前中引戸・銀枠逆T字型窓のエアロスターノンステップバスで、冷房装置はデンソー製。71人乗りの路線車である。
●PJ-MP35JM (96)
　機関6M70、軸距5300mmの大型エアサス車。前中引戸・銀枠逆T字型窓のエアロスターワンステップバスで、冷房装置はデンソー製。72人乗りの路線車である。
●PJ-MP35JP (97)
　機関6M70、軸距6000mmの大型エアサス車。観光マスク・前折戸・黒枠引き違い窓のエアロスターツーステップバスで、冷房装置は三菱製。60人乗りの契約貸切車である。
●PJ-MP37JM (98)
　機関6M70、軸距5300mmの大型エアサス車。前中引戸・銀枠逆T字型窓のエアロスターノンステップバスで、冷房装置はデンソー製。68人乗りの路線車である。
●PKG-AA274MAN (99)
　機関MD92、軸距5300mmの大型エアサス車。前中引戸・黒枠逆T字型窓のエアロスターSノンステップバスで、冷房装置はデンソー製。73人乗りの路線車である。
●QKG-MP35FP (8)
　機関6M60、軸距6000mmの大型エアサス車。前折戸・黒枠引き違い窓のエアロスターツーステップバスで、冷房装置はデンソー製。59人乗りの契約貸切車である。
●PJ-MS86JP (100・101)
　機関6M70、軸距6000mmの大型エアサス車。スイングドア・T字型窓のエアロバスで、冷房装置はサブエンジン式。1728・1884・1885は60人乗りの高速車、562～564は60人乗りの貸切車である。
●QRG-MS96VP (102・103)
　機関6R10、軸距6095mmの大型エアサス車。1064・1132・1200はスイングドア・T字型窓のエアロエースで、冷房装置はサブエンジン式。58・59人乗りの貸切車である。2753・1214はスイングドア・T字型窓のエアロエースで、冷房装置は屋根上直結式。58人乗りの高速車である。
●QTG-MS96VP (104～106)

機関6R10、軸距6095mmの大型エアサス車。1294はスイングドア・T字型窓のエアロエースで、冷房装置は床下直結式。60人乗りの貸切車である。2934・1229・1295・2952〜2954・2986・2987・1319はスイングドア・T字型窓のエアロエースで、冷房装置は屋根上直結式。2934・2952〜2954はトイレつき54人乗りの高速車、1229・1295・2986・2987・1319は58・59人乗りの高速車である。

●2TG-MS06GP　　　　（5・107・108）

機関6S10、軸距6000mmの大型エアサス車。スイングドア・T字型窓のエアロエースで、冷房装置は屋根上直結式。3034・3035・3048・3053・3054・3056・3064・3065・3069・3071はトイレつき54人乗りの高速車、3050は59人乗りの高速車、1353・1355は60人乗りの貸切車である。

HYUNDAI

●2DG-RD00　　　　　　　　（109）

機関D6HC、軸距6120mmの大型エアサス車。スイングドア・T字型窓のユニバースで、冷房装置は直結式。55人乗りの高速車である。

■九十九里鐵道

ISUZU

●KC-LR333J　　　　　　　　（12）

機関6HH1、軸距4400mmの中型リーフサス車。前後引戸・銀枠2段窓の富士ボディを持つツーステップバスで、冷房装置は富士重工製。小湊鐵道から移籍した53人乗りの路線車である。

●QPG-LV234Q3　　　　　　　（110）

機関6HK1、軸距5800mmの大型エアサス車。前折戸・黒枠引き違い窓のエルガツーステップバス。55人乗りの特急車である。

●PKG-RU1ESAJ　　　　　　　（111）

機関E13C、軸距6080mmの大型エアサス車。スイングドア・T字型窓のガーラHDで、冷房装置は直結式。小湊鐵道から移籍した59人乗りの特急車である。

●QRG-RU1ASCJ　　　　　（5・34）

機関A09C、軸距6080mmの大型エアサス車。スイングドア・T字型窓のガーラHDで、冷房装置は直結式。小湊鐵道から移籍した60人乗りの特急車である。

NISSAN

●KK-BVW41　　　　　　　　（112）

機関TD42、軸距3310mmの小型リーフサス車。中折戸・銀枠引き違い窓のシビリアン標準ボディ。25人乗りの路線車。「東金市市内循環バス」に使用されている。

●PDG-EHW41　　　　　　　　（113）

機関ZD30DD、軸距3690mmの小型リーフサス車。中折戸・銀枠引き違い窓のシビリアンロングボディ。自家用登録車を引き継いだ28人乗りの契約貸切車である。

NISSAN DIESEL

●KC-RM211GSN　　　　　　　（114）

機関FE6E、軸距4280mmの中型リーフサス車。前後引戸・銀枠2段窓の富士ボディを持つツーステップバスで、冷房装置は富士重工製。小湊鐵道から移籍した53人乗りの路線車である。

●KK-RM252GSN　　　　　（115・116）

機関FE6F、軸距4280mmの中型リーフサス車。1311は観光マスク・前折戸・銀枠引き違い窓の富士ボディを持つツーステップバスで、冷房装置は富士重工製。43人乗りの契約貸切車である。292・293は前中引戸・黒枠逆T字型窓の西工ボディを持つワンステップバスで、冷房装置はデンソー製。小湊

鐵道から移籍した53人乗りの路線車である。
- ●U-UA440LSN　　　　　　　（117）

機関PF6、軸距5240㎜の大型リーフサス車。前中引戸・銀枠２段窓の富士ボディを持つツーステップバスで、冷房装置は富士重工製。小湊鐵道から移籍した85人乗りの路線車である。
- ●KC-UA460LSN　　　　　　　（44）

機関PG6、軸距5240㎜の大型リーフサス車。前中引戸・銀枠２段窓の富士ボディを持つツーステップバスで、冷房装置は富士重工製。小湊鐵道から移籍した84人乗りの路線車である。
- ●KL-UA452KAN　　　　　　　（118）

機関PF6、軸距4800㎜の大型エアサス車。前中引戸・黒枠逆T字型窓の西工ボディを持つノンステップバスで、冷房装置はデンソー製。西武バスから移籍した69人乗りの路線車である。
- ●KL-UA452MAN　　　　　　　（２）

機関PF6、軸距5300㎜の大型エアサス車。前中引戸・黒枠逆T字型窓の西工ボディを持つワンステップバスで、冷房装置はデンソー製。小湊鐵道から移籍した72人乗りの路線車である。
- ●KC-RA531RBN　　　　　　　（119）

機関RG8、軸距6180㎜の大型エアサス車。スイングドア・T字型窓のスペースアローで、冷房装置はサブエンジン式。小湊鐵道から移籍した60人乗りの特急車である。
- ●KL-RA552RBN　　　　　　　（120）

機関RH8、軸距6180㎜の大型エアサス車。スイングドア・T字型窓のスペースアローで、冷房装置はサブエンジン式。55人乗りの貸切車である。
- ●PKG-RA274RBN　　　　　　 （121）

機関MD92、軸距6150㎜の大型エアサス車。スイングドア・T字型窓のスペースアローで、冷房装置はサブエンジン式。小湊鐵道から移籍した60人乗りの特急車である。

TOYOTA
- ●ADF-KDH223B　　　　　　　（122）

機関1KD、軸距3110㎜のワンボックスタイプ。ディーゼル仕様のハイエースコミューター。12人乗りの路線車。「東金市市内循環バス」に使用されている。

MITSUBISHI FUSO
- ●KK-BE64DG　　　　　　　　（123）

機関4M50、軸距3995㎜の小型リーフサス車。スイングドア・黒枠引き違い窓のローザロングボディ。自家用登録車を引き継いだ28人乗りの契約貸切車である。
- ●KK-MJ27HL　　　　　　　　（124）

機関6M61、軸距5260㎜の中型エアサス車。前中引戸・銀枠逆T字型窓のエアロミディMJノンステップバスで、冷房装置はデンソー製。小湊鐵道から移籍した56人乗りの路線車である。
- ●U-MS826P　　　　　　　　　（125）

機関8DC10、軸距6150㎜の大型エアサス車。折戸・T字型窓の富士ボディを持つハイデッカーで、冷房はサブエンジン式。小湊鐵道から移籍した58人乗りの貸切車である。
- ●BKG-MS96JP　　　　　　　　（126）

機関6M70、軸距6000㎜の大型エアサス車。スイングドア・T字型窓のエアロエースで、冷房はサブエンジン式。小湊鐵道から移籍した60人乗りの特急車である。
- ●QRG-MS96VP　　　　　　　　（７）

機関6R10、軸距6095㎜の大型エアサス車。スイングドア・T字型窓のエアロエースで、冷房はサブエンジン式。57人乗りの貸切車である。

小湊鐵道のあゆみ

text ■ 鈴木文彦　photo ■ 小湊鐵道・鈴木文彦・編集部

　小湊鐵道は鉄道事業のほか、バス事業とタクシー、ゴルフ場などの事業を行う地方私鉄である。1942（昭和17）年に京成電気軌道が安田財閥の資本を引き継いで以来、京成電鉄の関連会社となっているが、現在は京成電鉄の資本比率は下がっており、京成グループの位置づけではない。乗合バスは千葉県の中央部から南東部にかけての地域に路線を広げ、貸切バスは県内全域に事業区域を擁している。本社は市原市（五井駅前）に置かれているが、バス部は千葉市中央区塩田にあり、バス部に隣接する塩田および木更津、長南、東金の4営業所と、塩田管内の姉崎、長南管内の白子、大多喜、勝浦の4車庫を持つ。乗合バス278台（うち高速バス61台）、貸切バス37台を保有し、乗合バス営業キロ（認可キロ）1,682.214km、バス従業員434人の規模である。高速バスはアクアラインを経由して木更津、袖ケ浦、五井、茂原などの乗合バスの運行地域と、新宿、渋谷、東京、品川、羽田空港、川崎、横浜などを結ぶ昼行路線をメインに、千葉や成田空港、関東各地を結んでいる。

戦前

■鉄道事業の創立

　JR内房線の五井から分かれて内陸へと進むローカル私鉄が小湊鐵道である。1912（明治45）年3月に房総西線が蘇我から姉ケ崎まで開通すると、その翌年の1913（大正2）年、地元有志による五井から鶴舞を経て小湊に至る鉄道が軽便鉄道法の下で免許となり、1917（大正6）年5月に小湊鐵道株式会社が設立された。社名は目的地の安房小湊にちなんでつけられ、沿線でも最も栄えていた城下町の鶴舞の地主層などが主な株主となって会社が設立された。しかし資金不足であったため、すぐには着工できず、1920（大正9）年に安田財閥が参加してようやく資金的な目処がついたことから、建設が開始された。

小湊鐵道開業当時の五井出張所（現在の本社）

1924年に購入したボールドウィン製蒸気機関車

　房総半島縦断鉄道をめざした上記の敷設免許に従い、1924（大正13）年に五井側から建設が開始され、1925（大正14）年3月に第1期区間として五井〜里見間が開業、1926（大正15）年9月には第2期区間の里見〜月崎間、1928（昭和3）年5月には第3期区間の月崎〜上総中野間が開業した。その後、小湊への工事は地形や昭和初期の金融恐慌、済南事変の勃発などによって頓挫し、1929（昭和4）年に国鉄房総東線が安房鴨川まで開通、1934（昭和9）年に国鉄木原線（現・いすみ鉄道）が大原から路線を延ばして上総中野まで至り、半島横断はとりあえず実現したことなどから建設を断念、1936（昭和11）年には免許が失効した。

　開業当初の小湊鐵道は、砕石を中心とした貨物輸送が主体であった。小湊鐵道自身が鉄道開通前の1924年に砕石・砂利山の営業を始めている。1927（昭和2）年には電灯および電力供給事業も始めている。

　なお、1926年には国鉄房総東線の茂原と小湊鐵道の鶴舞を結ぶ鉄道を計画して南総鉄道が創立された。茂原側から着工され、1930（昭和5）年に笠森（長南町）まで、1933（昭和8）年に奥野（長南町から現・市原市に入った地区）まで開通、ガソリンカーで運転されたが、鶴舞までの延長はかなわなかった。

■乗合馬車からバス事業へ

　千葉県下においては鉄道が開通するまでの一時期、乗合馬車と人力車が主要な交通機関として君臨していた。千葉県最初の鉄道である総武鉄道（市川〜佐倉）が開通する前年の1893（明治26）年には両国から千葉、船橋から成田、千葉から東金といった長距離の乗合馬車が営業されていたほか、千葉〜木更津間、浜野〜長南間といった路線もあり、さらにその沿線の拠点駅では人力車が接続していたという。こうして地域間の基幹輸送を担った乗合馬車であるが、鉄道が延びてくると、今度は鉄道駅からのフィーダー交通を担うようになった。小湊鐵道が創立された1917年には、千葉県内の乗合馬車はピークの180台余に及んでいた。

　千葉県内最初の乗合自動車は、1913年であったとする記録がある。これをきっかけとし、次第に乗合馬車から自動車への転換が進んでいくこととなった。後の小湊鐵道のバスにつながる乗合自動車の最初は、1915（大正4）年に乗合馬車から乗合自動車に移行し、八幡宿〜大多喜間を運行した大野自動車商会であった。追って1919（大正8）年には三日月自動車（勝浦〜大多喜）、土橋仁三郎（茂原

1920年代に大屋旅館が運行を開始した乗合バス　　1930年代に営業を開始した南総鉄道の乗合バス

〜大多喜)、1920年には大津英吉(大網〜白里)、古山自動車(本納〜白里)、1922(大正11)年には東海自動車(大多喜〜勝浦)などが営業を開始した。もっとも当時はまだコストの低い乗合馬車との競合が激しく、経営が安定しないまま事業を休止するケースも少なくなかった。

■小湊鐵道のバス事業への進出と袖ケ浦自動車の設立

　大野自動車商会のバスの運行区間は小湊鐵道の鉄道線と競合する区間である上に、当時、市原郡の郡役所が置かれた八幡宿に直行するとあって、鉄道の需要を蚕食する結果となった。そこで小湊鐵道は大野自動車商会を買収し、八幡宿〜大多喜間の営業権を取得した。その際、運営については別会社として上総自動車商会を設立し、これに委託することとした。しかし鉄道と並行して自社のバスを走らせても十分な需要は伴わず、1926年には八幡宿〜牛久間の路線権を森雄一に譲渡、牛久〜大多喜間を小湊鐵道の保有として鉄道培養の役割を負わせた。一方の森は八幡宿〜今富間を加えて八幡宿〜牛久間を営業するが、結局、牛久系統は利用が伸びずに断念することとなった。

　1927年には森雄一の路線を継承した形で袖ケ浦自動車合資会社が設立された。同社は本社を八幡宿に置き、八幡宿〜牛久〜高滝間と森から引き継いだ八幡宿〜安富間を運行した。1932(昭和7)年には創始者の出資金が地元資産家を経て全額、小湊鐵道社長の安田善助と後の小湊鐵道社長の丹治経三に譲渡されたことから、袖ケ浦自動車は小湊鐵道の傘下となった。

　一方、小湊鐵道自身は牛久〜大多喜間を委託により営業していたが、1933年には直営に改めた。これにより、直営と直系の袖ケ浦自動車を擁することになったため、1935(昭和10)年には直営のバス事業を袖ケ浦自動車に譲渡している。

■自主統合の時代へ

　昭和初期には千葉県下も群小バス事業者が乱立気味となった。このため経営はどこも厳しく、競合に疲弊してより安定した企業に自主統合する機運が生まれていった。このことは、1933年に初めてバス事業を国の法の下に網をかぶせた自動車交通事業法の「1路線1営業主義」の考え方にも合致する動きであった。

　袖ケ浦自動車は、1922年に千葉〜姉ケ崎間で開業し、杉山辰五郎の路線を譲受

鶴舞町停車場（現・上総鶴舞駅）の戦前の様子

1950年に国鉄から購入したキハ41000形気動車

して木更津に延長、さらに浜野〜長南間の路線も買収していた潤間四郎八の路線を1934年に統合し、千葉、木更津、長南に進出した。この時点で車両保有台数は28台となった。1937（昭和12）年には浜野に工場を新設するとともに、事務所と車庫も五井から移転した。また同年、大多喜町の大屋旅館（川崎与七）が経営する茂原〜大多喜〜中野間を買収した。これにより、京成千葉駅〜八幡宿〜長南〜大多喜間が実現、続いて1923（大正12）年から中沢竹蔵らが経営していた長柄山〜茂原間、昭福汽船の木更津〜巖根間も買収し、規模を拡大していった。

　茂原〜奥野間の鉄道を開業した南総鉄道は、もともとの鉄道計画に沿って1932年、小松本順三の路線を譲受して茂原〜長南〜鶴舞間にバスを開業した。これは最初から川崎与七の路線などと激しく競合したが、1933年には牛久〜奥野間を開業して小湊鐵道へ短絡、茂原地区の石塚茂助の路線を譲受して規模を拡大した。その後、1939（昭和14）年には鉄道を廃止、バス専業となって社名を笠森自動車と改称している。

　このほか、大多喜の東海自動車は三日月自動車に合併、古山自動車を前身とする大多和渉と脇田三千雄、大津英吉の後身が統合され、1936年に大網・白里地区に東海合同自動車が設立されている。

■戦時体制の中で

　まもなく戦時体制に入り、燃料消費規制が始まった。各社は1937年から順次、木炭、薪などを代用燃料とする代燃車に切り替え、1941（昭和16）年までにほぼ代燃車となった。また戦争の激化に伴い、燃料節約と要員不足のため不要不急路線が休止されていった。鉄道においても、小湊鐵道は1933年にいち早くガソリンカーを導入したが、戦時中の燃料統制にあって県内産の天然ガスに切り替えた。なお、電灯および電力供給事業は戦時中の電気事業統制によって手放している。

　戦時中の国策によるバス事業の統合は、千葉県においては「陸上交通事業調整法」にもとづく東京を中心とした調整区域と、それ以外の1942年の通牒にもとづく統合区域に大別されて進められた。小湊鐵道にかかわる地域は後者のエリアにあたり、県内が4つの交通圏に区分され、第一地区（下総地方の1）を京成電気軌道、第二地区（下総地方の2）を成田鉄道（現・千葉交通）、第三地区（上総地方）を袖ケ浦自動車、第四地区（房総地方）を日東交通が主体となって統合を

1949年に導入された貸切用のボンネットバス

新橋直通急行バス用の冷房つきデラックスバス

進めることとされた。

　これにもとづき第三地区においては、袖ケ浦自動車が合資会社から株式会社に改組の上、1943（昭和18）年12月に越後貫輝（勝浦）、三日月自動車（大多喜）、佐藤謙蔵（大原）、藤平芳他2名（大原）、東海合同自動車（大網）、中村万吾（瑞沢）、笠森自動車（水上）、千葉郊外自動車（千葉）を合併した。これにより袖ケ浦自動車は、千葉と大網を結ぶラインと、木更津と勝浦を結ぶラインに囲まれた千葉県中央部に事業エリアを持つこととなった。この間、袖ケ浦自動車の親会社の小湊鐵道は、1942年に安田財閥の保有株式を京成電気軌道に譲渡した。

戦後

■戦後の復興と小湊鐵道としての新たな出発

　終戦直後のバスの状況は、どこも同じ60％程度が休止路線で、車両も3分の1程度が稼働できない状態であった。復旧もままならない中、1947（昭和22）年7月に小湊鐵道は袖ケ浦自動車を合併、乗合バスすべてが小湊鐵道の直営バス事業となった。これを機に順次再開を進め、1954（昭和29）年ごろまでに戦前の休止路線は復興を果たしている。終戦後しばらくは再生車や代燃車を修繕して運行を確保したが、1948（昭和23）年以降は大型ディーゼルバスが導入された。以降、急速にディーゼルバスの増備が進み、代燃車を代替していった。鉄道も戦後は砕石・砂利輸送が減少し、旅客輸送のウエイトが高まるにつれ、合理化のため1950（昭和25）年から国鉄の機械式気動車を譲り受けて内燃化を実施した。

　社会の安定とともに1949（昭和24）年11月、一般貸切旅客運送事業の免許を得て貸切バス事業を開始した。引き違い窓のディーゼルボンネットバスを新車で導入し、ガイドの育成を開始した。このころ、現行のオレンジとベージュのボディカラーが採用されている。

■バス事業の拡充と再編

　1950年代後半にはバス事業はいわゆる"黄金時代"を迎える。バス路線の拡充も活発となり、免許路線キロは着実に伸び、都市間ニーズの拡大とともに基幹路

1960年代の千葉市内で活躍するボンネットバス

1967年の国鉄千葉駅前に並ぶリヤエンジンバス

線の新設が進められた。1956（昭和31）年には千葉〜勝浦間「勝浦急行」を開業し、これを契機として茂原、大多喜、大網、木更津などから千葉市への特急・急行・快速バスが続々と新設された。さらに1963（昭和38）年には新橋へ直通する急行バスが、特別カラーの冷房つきデラックスバスで運行されている。

　1950年代から1960年代にかけては、京葉工業地帯として発達してきた東京湾岸の工業化が千葉市から内房方面に延伸し、石油化学コンビナートの立地や新たな工業立地が市原市から木更津市にかけて進んでいった。また、東京のベッドタウンの拡大が千葉県側に広がるにつれ、千葉市や市原市には次々と住宅団地が開発されていった。これに合わせて小湊鐵道も、千葉市から市原市にかけてのベッドタウン輸送を強化し、1964（昭和39）年には塩田営業所を新設、1969（昭和44）年には姉崎車庫を新設している。鉄道の輸送人員はピークを過ぎて減少傾向となったものの、沿線の中でも五井寄りは次第にベッドタウン化の波が押し寄せ、1976（昭和51）年には団地建設に合わせて光風台駅を新設している。

　しかし高度経済成長下で女子の求人が拡大し、さらに高学歴化が進んだことなどにより、女子車掌の確保が困難となってきた。このため1960年代の末から小湊鐵道ではワンマン化に着手した。ワンマン化は比較的順調に進み、狭隘路線には中型バスの導入が合わせて進められ、1976年には路線バスのワンマン化が完了した。ワンマン化完了後しばらくは、千葉都市圏を中心に、伸びる利用に対応して11m級の長尺バスが投入されている。

　一方、モータリゼーションにより1970年代以降、都市部や国道では交通渋滞が

1970年代の大網駅前を走る初期のワンマンバス

乗客急増に応えて採用された11m級の長尺バス

歴史編

貸切転用車が使用された茂原〜千葉間急行バス

1970年代末に初採用された冷房つきの路線バス

激化、千葉市内などでバスレーンは設置されるものの、定時性の喪失から非効率な運行を強いられた。また、このころ千葉管内の国鉄線の電化が急速に進み、電車化によってスピードとフリークェンシーが高まったことから、国道を走るバスの競争力が低下、新橋急行をはじめ、千葉に発着する急行・快速バスも、大多喜など鉄道との競争がない区間を残して撤退を余儀なくされた。

　郡部では利用者の減少が始まった結果、1970年代後半には不採算路線が増えていった。このため、1980年代から1990年代にかけて、夷隅郡、長生郡や茂原、いすみ、勝浦の各市域などで路線の縮小が行われた。こうした外房地区の動きの中で、1996（平成8）年には茂原・大多喜営業所を廃止（車庫化）し、1971（昭和46）年に笠森車庫を移転して開設した長南車庫を長南営業所として開設した。

　貸切バスは1980年代までは好調に推移した。特殊なタイプの車両は導入されておらず、梯団運行に適した55〜60人乗りハイデッカーを数多く保有した。

近年

■アクアライン高速バスの開業と発展

　小湊鐵道バスの環境を大きく変えたのが、高速自動車道の新設に伴う高速バス時代の到来であった。まず1995（平成7）年に東関東自動車道千葉IC〜木更津IC間が開通、1997（平成9）年には東京湾アクアライン連絡道が開通した。東関道はさらに南へ延びて館山自動車道となり、圏央道が東金から茂原を経て木更津東まで2013（平成25）年につながった。その間、千葉東金道路、鴨川有料道路なども開設され、スピードアップが可能になった。

　とりわけ東京湾アクアラインのインパクトは大きく、1997年12月に木更津〜川崎間の高速バスを日東交通・東京ベイサービス・川崎市交通局・川崎鶴見臨港バス・京浜急行電鉄と、木更津〜横浜間を日東交通・京浜急行電鉄と、木更津〜羽田空港間を日東交通・京浜急行電鉄・東京空港交通と共同で開業、木更津が京浜方面への玄関口に発展するとともに、袖ケ浦市が開設した袖ケ浦バスターミナルが、パーク＆ライドを伴って大きな拠点となった。アクアライン高速バスはその後、1999（平成11）年に五井〜横浜間（京浜急行電鉄と共同）と五井〜羽田空港

東京湾アクアライン経由の木更津〜羽田空港線

「バスタ新宿」に乗り入れた木更津〜新宿線

間（京浜急行電鉄と共同）、2000（平成12）年に茂原〜羽田空港間（京浜急行電鉄と共同）、2002（平成14）年に東金〜羽田空港間（京浜急行電鉄と共同）、木更津〜品川間（日東交通・京浜急行電鉄と共同）、2005（平成17）年に蘇我〜羽田空港間（京浜急行バスと共同）、2008（平成20）年に木更津〜新宿間（小田急シティバスと共同）、長浦・袖ケ浦〜品川間（日東交通・京浜急行バスと共同）、2010（平成22）年に五井〜新宿間（小田急シティバスと共同）と拡大、さらに圏央道の開通と市原鶴舞バスターミナルの開設により、2013年には茂原〜羽田空港・横浜間（京浜急行バスと共同）と茂原〜東京駅間（京成バスと共同／後に単独運行）、御宿・安房小湊・勝浦〜東京駅間（鴨川日東バス・京成バスと共同）に参入、2017（平成29）年に大多喜〜羽田空港・品川間（京浜急行バスと共同）、袖ケ浦駅〜東京駅鍛冶橋間（単独運行）、2018（平成30）年に木更津〜渋谷間（東急トランセと共同）が開業している。

また2012（平成24）年には三井アウトレットパーク木更津のオープンに伴い、三井アウトレットパーク木更津〜川崎・横浜間を開業したほか、木更津〜新宿間については、一部の便が三井アウトレットパーク木更津に乗り入れるようになった。さらに三井アウトレットパーク木更津から池袋、品川、町田・相模大野、たまプラーザへの路線が開業している。2016（平成28）年には木更津金田バスターミナルがオープンし、木更津発着路線の一部が乗り入れを開始した。2015（平成27）年の「バスタ新宿」オープンに伴い、木更津・五井から新宿への高速バスは「バスタ新宿」に乗り入れた。高速バスの発達と木更津の拠点化により、木更津車庫は1999年に潮浜に移転した後、2018年6月に木更津営業所に格上げされ、高速バスの基地となっている。

千葉東金道路などアクアライン以外の高速道路を活用した高速バスについても、1998（平成10）年の白子〜千葉間（単独運行）の開業を皮切りに、2009（平成21）年に白子〜東京駅間（ちばフラワーバスと共同）、2013年に木更津〜成田空港間（日東交通と共同）、2017年に千葉〜さいたま大宮間（単独運行）が開業するなど、高速バス路線がさらに拡大している。

■**路線バスと貸切バスの新時代対応**

乗合バスは千葉都市圏とその他の房総各地とで、次第に落差が激しくなってい

2010年に運行開始した「千葉みなとループバス」

地域住民との協働でスタートした「あおばす」

った。
　千葉市、市原市と袖ケ浦市の一部では、京葉地区のベッドタウン化が進み、人口の張りつきもあるため、比較的都市型の需要が多い地域として伸びが見られる。千葉市内で2010（平成22）年に「千葉みなとループバス」を開業したほか、市原市青葉台地区では地域住民との協働によるコミュニティバス「あおばす」を開設、当初オリジナルデザインの7ｍノンステップバスを投入したが、利用者が多くなって中型バスに変更している。また、三井アウトレットパーク木更津のオープンは一般路線バスにも好影響を及ぼし、最寄りの袖ケ浦駅を結ぶ路線は新設以来大幅な伸びを示したのをはじめ、木更津線も好調に推移している。なお、都市圏輸送を担う塩田・姉崎・木更津管内の路線バスと高速バス（一部除く）には、2010年に交通系ICカード「PASMO」が導入されている。
　都市圏以外では縮小傾向にあったが、2000年代以降、沿線自治体との協議の上、茂原市、大網白里市、いすみ市、市原市（牛久地区）、勝浦市などからの受託によるコミュニティ路線を充実させている。2011（平成23）年には茂原に拠点を置いていた都自動車が撤退し、乗合・貸切バス事業を日の丸自動車興業グループのHMC東京に移管した。さらに2016年、同社の乗合バス事業を小湊鐵道が引き継ぎ、夷隅～茂原間の「いすみシャトルバス」も小湊鐵道の運行となった。2013年には東金・白子地区の路線維持に向けた効率化の中で東金営業所を新設、業務を九十九里鐵道に管理委託する形をとった。
　貸切バスは1990年代以降、経営的には次第に厳しさを増しており、2000年には千葉市に置いていた観光バス営業所を廃止して姉崎車庫に統合するなど、集約を進めた。とはいえ、1986（昭和61）年から続く自社企画旅行ブランド「赤とんぼツアー」は地域に定着しており、リピーターも多い。また、東京湾岸の企業や大学等の立地を背景に、送迎やシャトルなど契約輸送の貸切バスも、営業に貢献している。
　好調な高速バス、地域特性を生かした貸切バス、堅調な都市圏輸送と厳しい地方型輸送を併せ持つ一般路線バスと、いわば日本のバス事業の縮図の様相を見せる小湊鐵道バス。「鐵」の誇りに支えられ、いっそうの飛躍を期待したい。

参考＝小湊鐵道提供資料、『バス事業五十年史』、『房総の乗合自動車』、『ちばの鉄道一世紀』

九十九里鐵道のあゆみ

text ■ 鈴木文彦　photo ■ 九十九里鐵道・鈴木文彦・田澤義郎・編集部

　九十九里鐵道はその名のとおり過去には鉄道を営業していたが、すでに鉄道事業が廃止されて57年を経過してなお、鉄道の社名を踏襲しているバス事業者である。乗合バスは千葉県東金市と九十九里町を中心として、大網白里市、山武市、八街市の一部に路線を展開、貸切バスは県内全域に事業区域を擁している。本社は東金市に置かれ、本社併設の営業所のほか、かつての鉄道の終点駅跡の片貝に車庫を持っている。乗合バス22台（うち高速タイプの特急バス7台）、貸切バス6台を保有、乗合バス営業キロ（認可キロ）101.0km、従業員31人の規模である。小湊鐵道とは相互に株式を持ち合う関係にあるため、持ち株比率から形式上は九十九里鐵道が小湊鐵道の親会社の位置づけとなるが、九十九里鐵道の筆頭株主も小湊鐵道である。高速バスは県内路線のみで、九十九里町・東金市と千葉市を結ぶ特急バス2路線を運行する。

戦前

■「軌道」の開通とバス事業

　九十九里浜に面した片貝村では、1900（明治33）年に房総鉄道が大網〜東金間を開通させ、1911（明治44）年に国鉄が東金〜成東間を開業して現在の東金線が全通すると、東金線に接続する軌道敷設の機運が高まった。そして1922（大正11）年に東金〜片貝間の軌道特許を取得、地元有志の出資による九十九里軌道が1923（大正12）年に設立された。まもなく建設に着手、1926（大正15）年11月に東金〜片貝（後に上総片貝と改称）間が開業した。1931（昭和6）年に地方鉄道法の適用を受けて軌道から鉄道に変更、1932（昭和7）年に社名を九十九里鐵道に変更している。この鉄道は当初からガソリンカーを使用したが、フロントエンジンの片運転台タイプで、起終点では転車台を必要とした。

　東金〜片貝間はもともと、1921（大正10）年に地元の錦織源蔵と荻原善左右の

開業当初から活躍した片運転台のガソリンカー　　1921年に設立された九十九里自動車の乗合バス

事業を統合して設立された九十九里自動車がバスを開業していた区間だった。軌道の開業は九十九里自動車と、成東〜片貝間を運行していた成東自動車の経営にかなり影響を及ぼしたと言われる。九十九里自動車は規模を縮小するとともに、東金自動車を設立して東金〜八街間はこちらに譲渡、東金〜片貝間の九十九里自動車自体は減資の上、1937（昭和12）年ごろに九十九里鐵道の傘下となった。

■戦時体制の中で

　戦時体制に入って燃料消費規制が始まると順次、木炭、薪などを代用燃料とする代燃車に切り替えていった事情は、九十九里自動車についても同じであったと考えられる。九十九里鐵道ではガソリン入手が困難になったことから、地元で産出される天然ガスを燃料として気動車での運転を継続した。

　戦時統合については、1942（昭和17）年の通牒にもとづき、この地域は第一地区（下総地方の１）に区分され、統合主体は京成電気軌道とされた。京成電気軌道はこの方針に沿って1943（昭和18）年に成東自動車を統合、成東営業所を置いた。この営業所が戦後、京成電鉄成東営業所を経てちばフラワーバスとなる。続いて1944（昭和19）年３月に九十九里自動車を買収、同時に九十九里鐵道を傘下に収めている。同年６月、九十九里自動車は京成電気軌道に統合され、いったん九十九里鐵道直系のバス事業は消滅する。

戦後

■バス事業の再構築

　終戦直後、鉄道はガソリン不足と資材不足で十分な輸送力を確保できなかった。需要は日に日に高まるのだが、老朽化した線路と車両でできる輸送は限られていた。そこで九十九里鐵道では、鉄道輸送を補完するため、並行区間にバスを運行することとした。そして1947（昭和22）年に東金駅〜片貝駅間を、線路の南北の道路を使って結ぶ２系統の路線と、片貝から海岸に沿って南下し、白里四天木までの路線、計約24kmでバスの営業を開始した。

　その後、1954（昭和29）年にはかつて九十九里自動車から分離した東金自動車

ありし日の九十九里鐵道の終点・上総片貝駅

小湊カラーになる前の九十九里鐵道の貸切バス

が路線を持っていた東金〜八街間に路線を開設、追って同年に八街から四木を経て山田まで、1955（昭和30）年に東金から粟生を経て上布田までの路線を加え、路線延長は60kmを超える規模となった。また1956（昭和31）年には片貝から海岸沿いに北上した本須賀までの路線を開業するが、この区間は戦前鉄道の延長免許を得ながら資金難で着工できず、免許を失効した区間であった。

さらに1958（昭和33）年には東金〜宮の前間、東金〜求名〜荒生間などを加えて路線網を拡大、次第にバス事業が九十九里鐵道の主力事業となっていった。なお、1951（昭和26）年に貸切バス事業を開始している。

■鉄道廃止によりバス専業へ

九十九里鐵道の鉄道線は、開業時から大きな改良を施されることもなく、施設も車両もそのまま運転されてきた。このためモータリゼーションが進むにつれ、スピードが遅く輸送力も小さい鉄道は劣勢が明らかになっていった。1950年代後半には、並行する自社バス路線との交互運行となっていたとされる。近代化するには資金が必要だったが、小さな私鉄にその余力はなく、すでに自社バス路線が同じ役割を果たしていたこともあって、1961（昭和36）年2月限りで鉄道は廃止されることとなった。

こうして九十九里鐵道は、社名が変更されることもなく、そのままバス専業事業者となった。当時、全国的に長距離バスブームの折、九十九里鐵道は1963（昭和38）年に片貝〜東金〜京成千葉駅間の急行バスを新設した。また1970年代に入って大網駅から片貝海水浴場への直通バスの運行なども行われた。しかし次第に道路事情が悪化して定時運行が難しくなったこと、国鉄線が電化によってスピードアップされたことなどにより、鉄道に並行する形の千葉線急行バスは1986（昭和61）年に廃止、大網への乗り入れも休止され、1994（平成6）年に廃止となっている。

また、車掌不足と次第に利用者が減少に転じて経営状況が悪化したことによる合理化の要請の中、九十九里鐵道もワンマン化に取り組むこととなった。ワンマン化は1970（昭和45）年4月に東金〜片貝間、九十九里センター〜東金間など9系統で開始された。その後、順次進められ、1983（昭和58）年に100％ワンマンバスとなっている。

1980年に導入された貸切バスのセミデッカー

1982年に採用された貸切バスの中型サロンカー

　なお、1970年代には筆頭株主であった京成電鉄の経営事情が悪化、資産整理のために持ち株が一部放出された。このとき九十九里鐵道が小湊鐵道株を、小湊鐵道が九十九里鐵道株を持ち合う形となり、京成電鉄の比率が低下する一方で、小湊鐵道との関係が深まった。これを機に、バスのボディカラーも小湊鐵道と共通になっている。

近年

■急行バスと路線バスの拡充

　1980年代以降、九十九里鐵道のバス路線は、戦後まもなく拡充した路線をベースに、あまり大きく変化することなく推移してきた。しかし宅地開発の波が大網白里町、八街市から東金市にもある程度及び、学校の立地などもあって、1980年代後半には日吉台・湖北台、西ヶ丘、東金女子高校、東金商業高校などへの路線が新設されている。もちろん一方で、過疎化の影響もあって経営環境は厳しく、1980年代から多くの路線が国庫補助対象となっている。貸切バスは10台前後の規模で推移し、地元からの送り出し需要を中心に堅調に営業を続けてきた。

　九十九里鐵道にとってひとつの転換期となったのは、千葉東金道路の開通によりスピードアップが可能となったことから、1996（平成8）年9月にちばフラワーバスとの共同運行で東金レイクサイドヒル〜千葉駅間の特急バス〈レイクサイ

2009年まで在籍した富士5E型ボディの大型車

東金駅前に到着した富士6E型ボディの中型車

1997年に運行を開始した〈九十九里ライナー〉

2004年新製の〈レイクサイドライナー〉専用車

ドライナー〉を開業たことである。さらに翌1997（平成9）年1月には片貝〜千葉駅間の特急バス〈九十九里ライナー〉を東金バイパス・千葉東金道路経由で開業した。これらはそのスピードと利便性で利用者が定着し、次第に収益面でも比率を高めている。

■新たな地域の時代に向けて

　人口減少と少子高齢社会を迎え、変貌の激しい地域にあって、九十九里鐵道は沿線地域との連携を深めている。東金市とのタイアップにより市内循環バスを受託運行しており、2006（平成18）年4月に福岡循環、2010（平成22）年3月に豊成循環が開設され、専用のマイクロバスまたはワゴン車が配置されている。特急バスは順調に推移し、2013（平成25）年には〈レイクサイドライナー〉が九十九里鐵道の単独運行に変わったことから、一部を片貝発着とするなど再編を行っている。また、東金の本社営業所に2013年、小湊鐵道東金営業所が併設され、九十九里鐵道が管理の受託を行っている。

　小規模ながら堅実に乗合バスと貸切バスを営業する九十九里鐵道。すでに鉄道時代を知る沿線住民も少なくなっているが、それだけ地域に定着した交通事業者として、新たな時代に向けて進んでいくことだろう。

参考＝九十九里鐵道提供資料、『バス事業五十年史』、『房総の乗合自動車』、『ちばの鉄道一世紀』

すずき・ふみひこ◎1956年、甲府市生まれ。交通ジャーナリスト。バスに関する著書・論文など多数

廃線跡を遊歩道として整備した「きどうみち」

アウトレット輸送専用の小湊鐵道からの受託車

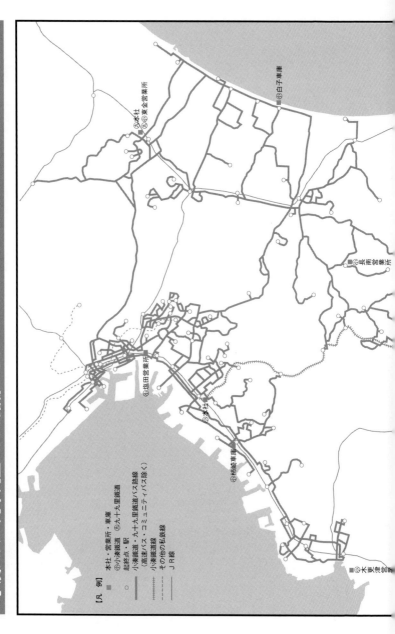

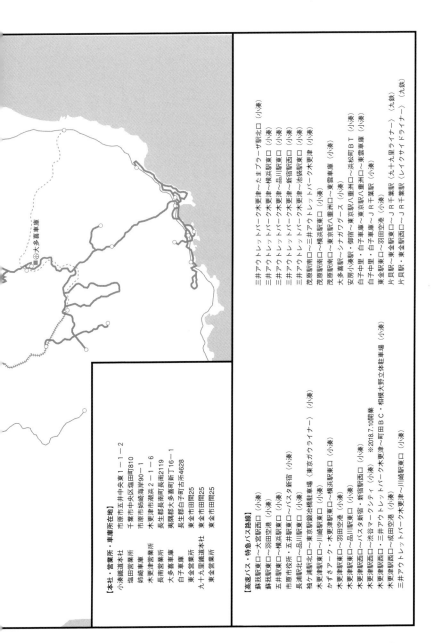

[本社・営業所・車庫所在地]
小湊鐵道本社　市原市五井中央東１－１－２
塩田営業所　千葉市中央区塩田町810
姉崎車庫　市原市姉崎海岸90－１
木更津営業所　木更津市潮浜２－１－６
長南営業所　長生郡長南町長南2119
長南車庫北　長生郡長南町バス車庫
長南車庫南　長生郡長南町長南丁新18－１
大多喜車庫　夷隅郡大多喜町新丁16－１
白子車庫　長生郡白子町古所4628
東金営業本社　東金市田間25
九十九里営業所　東金市田間25
東金営業所　東金市田間25

[高速バス・特急バス路線]
蘇我駅東口～大宮駅西口（小湊）
蘇我駅東口～成田空港（小湊）
五井駅東口～横浜駅東口（小湊）
五井駅東口～品川駅東口（小湊）
市原市役所・五井駅東口～バスタ新宿（小湊）
長浦駅北口～品川駅東口（小湊）
柚ケ浦駅北口～東京駅鍛冶橋駐車場（東京ガウラライナー）（小湊）
木更津駅東口～川崎駅東口（小湊）
かずさアーク・木更津駅東口～横浜駅東口（小湊）
木更津駅東口～沼田空港（小湊）
木更津駅東口～品川駅東口（小湊）
木更津駅西口～バスタ新宿・新宿駅西口（小湊）
木更津駅西口～渋谷マークシティ（小湊）
木更津駅西口～三井アウトレットパーク木更津～町田BC・相模大野立体駐車場（小湊）※2018.7.10開業
木更津駅西口～成田空港（小湊）
三井アウトレットパーク木更津～川崎駅東口（小湊）
三井アウトレットパーク木更津～たまプラーザ駅北口（小湊）
三井アウトレットパーク木更津～横浜駅東口（小湊）
三井アウトレットパーク木更津～品川駅東口（小湊）
三井アウトレットパーク木更津～新宿駅西口（小湊）
三井アウトレットパーク木更津～池袋駅東口（小湊）
茂原駅南口～三井アウトレットパーク木更津（小湊）
茂原駅南口～横浜駅東口（小湊）
茂原駅南口～東京駅八重洲口～東雲車庫（小湊）
大多喜車庫～シナガワグース（小湊）
安房小湊駅～御宿・東京駅八重洲口～浜松町BT（小湊）
白子車庫・白子駅～東京駅八重洲口～東雲車庫（小湊）
白子中里・白子車庫～JR千葉駅（小湊）
東金駅西口～沼田空港（小湊）
片貝駅～東金駅西口～JR千葉駅（九十九里ライナー）（九鉄）
片貝駅～東金駅西口～JR千葉駅（レイクサイドライナー）（九鉄）

終点の構図

本須賀
MOTOSUKA

　東金駅を出た九十九里バスは、半世紀以上前に廃止された自社の軽便鉄道と並走し、九十九里浜に面した片貝の集落へ。軽便の終着駅跡はバスの車庫となり、今も「片貝駅」という停留所名がつけられている。バスの多くは駅跡に入らず、九十九里浜に沿って北へ南へ足を延ばす。北へ向かった路線の尽きるところが本須賀の終点である。
　このあたりを境に、土地の方言が上総弁から下総弁へと変わる。里人の生活文化にも、上総流と下総流が混在しているという。成東町（現・山武市）歴史民俗資料館が聞き取り調査によってまとめた『成東町の年中行事』は、当地の伝統文化の貴重な記録である。
　たとえば夏。梅雨明けのころ八幡神社で行われた「茅の輪くぐり」。七夕に子どもたちが海に流した「カヤカヤ馬」。麦がらの櫓に火をつけて田んぼの虫を焼いた「虫送り」。新盆の家をおばあさんたちが回って歩いた「念仏講」。いずれも今、小さな軽便鉄道と同様に、忘れ去られようとしている。
　ただひとつ現存するのは、八坂神社の祭礼である。7月の末、神輿が集落内を練り歩き、勇壮な掛け声とともに海に突入する「浜下り」は、本須賀の夏の風物詩として受け継がれている。

〔2018年7月4日取材〕

text & photo ■ 加藤佳一

小湊バス乗り継ぎで行く

初夏の房総　里歩き・街歩き

▲江戸時代に旅籠として創業した「大屋旅館」を横目に城下町・大多喜を行く〈茂41〉系統
◀(上) 6月に見ごろを迎える「あじさい屋敷」
(下)「鵜原理想郷」の岬にある「黄昏の丘」

text ■ 谷口礼子　photo ■ 編集部

　山野の緑が勢いを増し、生き生きと茂り始める梅雨の季節。レトロカラーの小湊バスを乗り継いで、初夏の房総を満喫しよう。海の景色、丘の景色、渓谷の景色。都心とは時間の流れも心なしか違うような土地で、地元の人の素朴な心や激しく厳しい自然に触れてみる。東京からたったの2時間で訪れることのできる、近くて遠い日本の田舎で、たくさんの感動を見つけた。

たにぐち・れいこ◎1983年、横浜市生まれ。早稲田大学文学部卒業。劇団シアターキューブリックに所属し、舞台を中心に活躍する。

あじさい屋敷

| 高速バス | 東京駅八重洲口 7：05
茂原駅南口 8：30 |

東京名所を一挙に見ながら海を渡る

　平日朝7時の東京駅は、通勤ラッシュが始まる前で、まだ起き抜けの空気を漂わせていた。八重洲北口から外堀通りを渡り、道沿いに少し歩いたところにある3番乗り場で、編集長の加藤さんと待ち合わせる。同じ乗り場からは成田空港行きのバスが20分おきに発車するとあって、スーツケースを引いたお客がずらりと列をなしていた。

　私たちが乗る茂原(もばら)行きの高速バスの列には、ポロシャツや軽装姿の中年男性が10人ほど並んでいる。持っている長い棒のようなものは、釣りの道具か何かだろうか。発車時刻の5分前に到着した大型の小湊バスは、東京駅八重洲口の現代風な外観には少しそぐわない、レトロなオレンジと肌色、そして緑がかったグレーのカラーリングだった。運転士さんが「どこまで行かれますか？」と聞くので「茂原まで」と答える。茂原までは1,550円。ICカードが使えるそうだが、タッチは降りるときにするらしい。時刻ぴったりにバスは、東京駅八重洲口を出発した。

　京橋インターから首都高速に入り、環状線から台場線、湾岸線へ。車窓には薄曇りの梅雨の東京が広がった。レインボーブリッジ、フジテレビ、大井車両基地、そして羽田空港。「東京」と聞いて思い浮かべる風景を、全部並べた展覧会のようだ。「房総半島に行くのに、鉄道とはまったく違うルートなのがいいですよね」と加藤さん。アクアラインで東京湾の海底と海上を突

乗車路線・区間・時刻・車両
【1日目】
東京駅八重洲口 7：05
⇩高速バス／1214（長南）
茂原駅南口 8：30
茂原駅南口 8：45
⇩モバス／1232（長南）
三ヶ谷神社 9：10
三ヶ谷神社 11：01
⇩モバス／1232（長南）
茂原駅南口 11：27
茂原駅南口 12：10
⇩茂41／911（大多喜）
市野々 12：35
市野々 13：55
⇩茂41／976（大多喜）
夷隅支庁前 14：06
大多喜駅 16：44
⇩勝11／1131（大多喜）
勝浦駅 17：17

▼東京駅八重洲口の外堀通りにある3番乗り場を発車した茂原行きの高速バスは、首都高速に入り、レインボーブリッジを渡る

▲東京湾アクアラインと圏央道を快走し、東京駅から約1時間半で茂原駅南口に到着

▼茂原市コミュニティバス「モバス」に乗り換え、「服部農園」の「あじさい屋敷」へ

っ走り、木更津までまっしぐらだ。

　海の風景から、バスは内陸の圏央道に入っていく。湿り気を帯びた森の緑が目に染みる。見下ろす田んぼには整然と若緑の苗が行列をつくり、あじさいが青や紫の花を咲かせている。バスはいったん高速を降り、市原鶴舞BTに到着。扉が開くと、緑の匂いが飛び込んでくる。乗り合わせた乗客は、私たち以外全員、ここが目的地だった。「鶴舞カントリー倶楽部」という案内板。なるほど、ゴルフ場である。乗客が手にしていたのは釣り道具でなく、ゴルフクラブだったのだ。運転士の唐鎌茂樹さんに聞くと「この辺はゴルフ場銀座ですから。横浜からのバスにはもっと乗りますよ。30〜40人は乗るかな」という。バスは私と加藤さんだけを乗せて再び圏央道を経由し、8時30分、定時に茂原駅南口へ到着した。

| モバス | 茂原駅南口 8：45
三ヶ谷神社 9：10 |

一面のあじさいに梅雨の憂いを忘れる

　茂原駅南口で唐鎌さんの大型バスと別れる。同じロータリーにやってきたのは、「モバス」と名づけられた茂原市のコミュニティバスだ。運賃は前払い制で、一律200円。ICカードは使用できないので、現金で運賃を支払う。

　いかにも地元の人といった感じの生活感を醸し出す乗客が4人乗り込み、バスは住宅地の中を何度も曲がりながら進んだ。地域住民の足として、病院や商店街、役所などを網羅していく、コミュニティバスならではの車窓風景だ。先ほどまで乗っていた高速を走るハイデッカーの大型バスから、ノンステップの小型バスへ。突然、目線の高さが変わって、地面を這うような心持

▲およそ1万8,000㎡の敷地に250種・1,000株以上植えられたあじさいは、6月上旬から7月上旬にかけて色鮮やかに咲き誇る

▼遊歩道を一周すると、あじさいの花の色や大きさや形のバリエーションに驚かされる

ちだ。まるで飛行機から降りて街に出たときのようで、なんだか面白い。

　道路沿いには日に焼けて色あせた看板が多く、日差しの強さを物語っている。車窓が住宅地から一面の水田風景に変わり、私たちは三ヶ谷(さんがや)神社のバス停で降りた。夏の稲の匂い。うぐいすの鳴き声が聞こえ、急に田舎へやってきたようなのどかな気分になる。

　道沿いを2〜3分ほど歩くと、「あじさい屋敷」があった。ここはあじさいの咲く6月上旬から7月下旬だけ開園するあじさいの名所である。駐車場にはもう観光客のクルマが何台も停まっていて、目の前の斜面は一面があじさいで埋め尽くされていた。見れば、カメラと三脚を担いだ人たちがどんどん園内へ入っていく。カメラ趣味にはうってつけの被写体なのだろう。

　入園料の500円を支払い、長屋門をくぐると、さっそく目の前に色とりどりのあじさいが咲き競っている。ピンク、白、青、紫、赤紫……。色を考えて植え分けたようで、斜面の花の色はグラデーションになっていた。屋敷の敷地は三方をあじさいづくしの斜面に

紀行編　55

▲売店には「服部農園」の野菜や果物などが並び、カットメロンを味わうこともできる

▼三ヶ谷神社のバス停に戻り、数人の花見客と一緒に11時過ぎの「モバス」に乗り込む

囲まれ、陣屋の地形になっている。その斜面に沿った道を、ぐるりと一周することができるので、道の両脇のあじさいをじっくり見ながら歩いた。

あじさいの香りが身体を包み込む。ひとことで「あじさい」と言っても、花の種類はさまざまだ。オーソドックスな形から、花が小さいもの、花弁の形が独特なものなど、これもあじさいなのかと驚くほどのバリエーションである。やはり、あじさいには梅雨空が似合う。少し雨のしずくがついているくらいのほうがみずみずしいな、などと考えながら、私も自分の小さなカメラで花に寄ったり引いたり、かなりの数のシャッターを切った。

「あじさい屋敷」は「服部農園」という農園が経営している。散策の後は農園の商品であるカットメロンを300円で購入。あじさいの斜面を見上げながらベンチに座り、糖分と水分を補給した。おみやげの物産品も充実しており、売店では採れたての野菜や果物を販売している。すいか。きゅうり。ズッキーニにトマト。梅雨の真っただ中だが、目に入る野菜で夏を先どりだ。

| モバス | 三ヶ谷神社11：01
茂原駅南口11：27 |

ご当地グルメ「もばらーめん」に舌鼓
「あじさい屋敷」を出るころには、観光バスが何台も到着し、園内の賑わいはさらに増していた。三ヶ谷神社のバス停で「モバス」を待つと、到着したバスからも10人以上のお客が降りてきて、ぞろぞろと「あじさい屋敷」へ向かっていく。このあたりではかなり有名な観光スポットなのだろう。私たちは入れ替わりで「モバス」に乗車し、街を巡ってまた茂原駅南口へ戻った。

昼食の時間になったので、「もばらーめん」に挑戦だ。「茂原」と「バラ肉」をかけて名づけられたラーメンで、地元の店舗が味を競い、売り出し中のご当地グルメである。向かったのは駅近くの「中華そば鶏」。11時半開店なので、ちょうど店員さんがのれんを出しているところだった。「どうぞ」と声をかけてもらい、今日一番のお客として入店する。たくさんあるメニューの中から、「もばらーめん二段盛り」（820円）と生ビールの食券を買い求め、席に着いた。カウンターの中で、店主のお兄さんが真剣に腕を振るっている。しばらくして出てきたのは、豚バラ肉がぎっしりのった、見た目のインパクトたっぷりなラーメンだった。スープをひと口すすると、意外としょっぱい醤油味。これが、肉と太い縮れ麺に絡めて食べるにはちょうどいい。ビールにも合うし、歯ごたえの残る玉ねぎの甘さがクセになりそうだ。

　豚バラ肉の量は注文時に選べる仕組みで、私たちの注文した「二段盛り」は140ｇだった。「お肉はこれ以上絶対ほしいですね。きっと初段盛り（70ｇ／690円）じゃもの足りないでしょう」と加藤さん。確かにそう考える人がいるようで、最高350ｇの神盛り（1,210円）まで、5段階で注文できるようになっているのだった。

▲水田地帯から住宅地へ、茂原の街を30分ほど巡り、11時半前に茂原駅南口へと戻る

▼ご当地グルメ「もばらーめん」を味わおうと、駅近くの「中華そば鶏」に入り、140ｇの豚バラ肉がのった「二段盛り」を注文

熊野の清水

| 茂41 | 茂原駅南口12：10
市野々12：35 |

弘法の霊泉がつくりだす公園でひと息
「大多喜」という表示を出した大型バスがロータリーを回ってやってきた。

▲茂原駅南口12時10分発の大多喜行きに乗車し、茂原市から長南町に入った市野々バス停で下車、丘を回り込んで20分ほど歩く

▼熊野神社の境内に「熊野の清水」を訪ね、古の旅人を癒したすがすがしい水に触れる

系統番号も記号もなく、終点の名前だけを堂々と大きく主張している地方のバスに、旅の風情を感じるのはなぜだろう。今日2度目の茂原駅南口から出発。私たちのほかに乗り込んだ乗客は3人ほどだった。バスは旧道を通り、古い商店街をすり抜けていく。化粧品店、クリーニング店、カギ屋、床屋、旅館、米屋、石屋……。やがて田園風景が広がった。市野々のバス停まで。バスを降りると、ここにも大きなあじさいの株があり、花をいっぱいにつけた枝を重そうにしならせている。

バス停からしばらく歩いた。丘をひとつ回り込んだところに、「熊野の清水」があるという。道沿いには、実をつけた野生のびわの木が枝を空に伸ばしている。房総の特産品のひとつである。びわの季節は一瞬で、21世紀のこの時代にも、店に並ぶ期間はとても短い。ちょうど食べごろの実が金色に光って初夏を告げていた。

「熊野の清水」は熊野神社の中に湧き出ていた。別名「弘法の霊泉」とも言われ、弘法大師が諸国行脚のときに法力で湧き出させ、水不足から農民を救ったという伝説を持つ。「日本の名水百選」に入っているとか。そっと水に手を差し入れると、声を上げるほど冷たくすがすがしい。バス停から歩いただけの身体の火照りにこれだけ心地良いのだから、延々と歩いた昔の旅人にとってどんなにありがたいものだったか。今も水量は豊富で、すぐ下の「熊野の清水公園」の池に注いでいる。

神社にお参りした後、池のほうまで降りてみた。池には一面に蓮が育ち、薄桃色の花がいくつも開いている。人の顔の大きさほどもあるような蓮の花を、私は初めて間近で見て、その大き

さに驚いた。今にも咲きそうにふくらんだつぼみにも、外へ向かうパワーがみなぎっている。これは確かに、音を立てて開きそうなものである。畦道の泥に足をとられそうになりながら、私はまた何枚もシャッターを切った。

城下町大多喜

| 茂41 | 市野々13：55
夷隅支庁前14：06 |

城と渓谷の町・大多喜でサイクリング

　市野々のバス停に戻り、見渡す緑の中を走ってきた1本後の大多喜行きに再び乗車した。高校生の下校時刻と重なったようで、6人ほどの高校生が乗り合わせていた。それぞれ、最寄りのバス停で1人ずつ降りていく。そのたびに「お疲れ」「ありがとう」と声をかける運転士さんに、この土地の人の温かさを感じた。こっそりふだんの生活の中にお邪魔しているような微笑ましい気持ちになれるのも、地方の路線バスの旅ならではのことだ。

　めざす大多喜は、いすみ鉄道の駅があり、城下町として観光の盛んな町である。私たちは夷隅支庁前で下車すると、駅前の観光案内所でレンタサイクル（電動アシストつき／500円）を借り、大多喜の町を巡ることにした。風を切って坂を下ると、緑に囲まれた渓谷が見えてきた。この川の名は、御禁止川。江戸時代、魚を捕ることが禁止されていたのだという。緑で目の奥を癒しながら、今度はお城に続く坂を上った。レンタサイクルは電動アシストつきと普通の自転車が選べたのだが、アシストつきを選んでおいて正解だ。急坂が続くので、スイッチを「強」に

▲「熊野の清水公園」の池一面に蓮が育ち、薄桃色の大きな花がいくつも開いていた

▼市野々から下校の高校生と一緒にバスに揺られた後、大多喜駅前の観光案内所でレンタサイクルを借りて城下町巡りを楽しむ

▲本多忠勝の居城だった大多喜城は、復元された天守閣の中が歴史博物館になっている

▼国の登録有形文化財や重要文化財に指定されている「大屋旅館」「豊乃鶴酒造」「渡辺家住宅」などをレンタサイクルで回る

すると、ぐいぐいとアシストしてくれる。なんて便利な自転車だろう。テクノロジーの進化はすごいものだ。

坂を上り切るころには、さすがのアシストつき自転車でも、ちょっと汗ばむくらいの運動量だった。葵の花が美しく咲くこの城は、江戸幕府創設期の徳川家に仕えた徳川四天王のひとり・本多忠勝の居城である。徳川の御紋であり、自分の家紋にも入れることを許された葵の花を、現代になっても敷地内に咲かせているとは、忠臣である。天守閣は復元されたもので、中は歴史博物館になっている。城と街の歴史を詳しく知ることができた。

城から見下ろした城下町に実際に行ってみよう、私たちはレンタサイクルを駆って、昔ながらの街並みの残る「城下町通り」へ出かけた。国の登録有形文化財や、重要文化財に指定されている建物がいくつも集まっている。そのいくつかは、今でも実際に使われていて、そのため中を見ることができないのが少し残念だ。元禄時代から続いているという「大屋旅館」の母屋は1885（明治18）年ごろに建てられたものだ。登録有形文化財に指定されていて、堂々とした店構えやレンガの壁が時代を感じさせる。旅館は今も営業しているので、宿泊すれば建物の雰囲気をじっくり味わえるのだろう。

「城下町通り」の中心に、「商い資料館」という建物があった。ここには、町の古い資料が展示されている。中に入ると店番の年配の女性が、飾られた町の古い写真を解説してくれた。古い白黒写真に、さきほど見てきたばかりの「大屋旅館」がそのままの姿で写り込んでいる。まるでタイムスリップしたようで、不思議な感覚だった。

勝浦朝市

| 勝11 | 大多喜駅16：44
勝浦駅17：17 |

老舗旅館で味わう新鮮な海の幸と地酒

駅前の観光案内所にレンタサイクルを返し、やってきた勝浦行きの小型バスに乗り込んだ。運転士さんが「勝浦までだけど、いいのかな？」と確認してくれる。大丈夫。私たちの今日の宿は勝浦。山を越えて海をめざすのだ。くねくねの山道や旧道を行くバスに、地元の山に分け入るスリルを感じる。

到着した勝浦駅は、いかにも海の最寄り駅といった風情だった。駅へ続く階段は、レジャーや海水浴を思い起こさせるビニール屋根で、夏の日差しが似合いそう。この日は今にも雨が降りそうで、湿気の多い空気に海の匂いが混じっているような気がする。

駅から10分ほど歩いて宿に向かう。鮮魚店や釣り具屋の看板に、海の町に来たことを感じる。商店街の中にある旅館「松の家」は、これもまた時代を感じる店構えだ。丁寧に出迎えてくれた女将さんに伺うと、「旅館の創業は江戸末期ですが、この建物はまだ100年足らずです」と謙遜していらっしゃる。100年近くの間、建物を維持するのは、そう簡単なことではない。まして実用しながらだから、残ったことは奇跡のようなものだと思う。

「松の家」の自慢は、部屋食でいただける、新鮮な海の幸をふんだんに使った料理である。たこの沖漬け、いわしのゴマ酢和え、さざえのガーリックバター焼き、かつお・わらさの刺身、かれいの唐揚げ、エビマヨにかますの塩焼き。給仕の若い男性が、それぞれで

▲観光案内所にレンタサイクルを返し、大多喜駅から小型バスで山を越えて勝浦駅へ

▼本館が国の登録有形文化財に指定されている「松の家」に投宿、木の香漂う湯舟に浸かり、里歩き・街歩きでかいた汗を流す

▲部屋出しの夕食は太平洋の幸をふんだんに使ったメニューで、地酒「腰古井」が進む

▼翌朝7時過ぎから勝浦名物の朝市を見物、露店を回って小あじや落花生などを求めた

きたてを持ってきて説明してくれた。私たちは網戸から入ってくる涼風を部屋に通しながら、一品一品ゆっくり味わった。土地の味に合うのはもちろん土地のお酒である。「東灘（あずまなだ）」と「腰古井（こしごい）」という2つの銘柄の冷酒を飲み比べてみる。どちらも勝浦の蔵元がつくっている地酒だ。私たちはとくにさっぱりした「腰古井」を気に入り、料理と一緒に楽しんだ。

勝浦名物・朝市で地元の人々と交流

　翌朝7時。勝浦の街に太鼓が響き渡り、町内のスピーカーから『野ばら』のメロディーが流れた。勝浦の朝は毎日、こうして始まるらしい。私たちは有名な勝浦の朝市を探して街に出た。小雨のぱらつく天気で、海風が強い。朝市は毎日行われるというが、この日は朝市の通りに露店はまばらだった。「おはようございます」と声をかけてくれた店の女性に聞くと、今日は天気が悪いから、休みの店が多いのだという。毎朝開催なので、そういう日もあるのだそうだ。世間話をしていると、目の前で干物を炙って試食させてくれるというので、熱々の小あじ（といってもそれほど小さくない）にマヨネーズをつけて丸ごとかぶりつく。「黄金アジ」と言って、背びれも尾びれも金色がかっているこのあじは、頭から骨まで食べられる柔らかさ。塩加減が絶妙で、1軒目で思わず「買います」宣言。1,000円で、このあじが25匹入っている。さすがに25匹は多いので、加藤さんと半分ずつ分けることにした。

　通りの露店を見て歩く。海の町らしく、猫がところどころで堂々とした態度を見せている。採れたての野菜を売っている女性は、毎朝3時に起きて朝

市の準備をするという。自宅で加工した佃煮を売る女性に、落花生や花を売る夫婦。地元でしか買えない新鮮な商品に心が躍る。中国産の安い落花生が市場の多くを占める昨今だが、勧められて千葉県産の「千葉半立」という種類の落花生を試食すると、ふっくらした実が甘くて柔らかい。私は落花生好きの父のために、ひと袋購入した。

「どの店も高齢化で、いつまで続けられるか……」と話す奥さん。彼女の親戚はかつて花を売りに、行商列車で東京まで通っていたという。ついでにこの落花生も持っていくと、よく売れたのだとか。東京に新鮮な花や野菜を供給し続けた行商人のふるさとのひとつが、この地域だったのである。

鵜原理想郷

勝01 勝浦駅 9：00
　　　　真光寺前 9：22

理想郷に大正ロマンの残り香が漂う

　朝食を済ませ、「松の家」の女将さんに見送られて宿を出る。「あいにくの梅雨空になってしまって。どうぞお気をつけて。失礼いたしました」という女将さんのきれいな日本語に心が洗われる。こんなお見送りができる人もどんどん減ってしまうのだろうか。

　勝浦駅にやってきた小型バスに乗り込むと、なんと昨日と同じ運転士さんがハンドルを握っている。こちらを覚えていてくれたようで、ニコニコ笑顔で会釈をしてくれた。日焼けした顔に白い歯が覗き、人の良さそうな笑顔が昨日から印象的だった。嬉しくて話しかけると、「取材か何かでしょう？　聞いてますよ」と、私たちの素性をご

乗車路線・区間・時刻・車両

【２日目】
勝浦駅 9：00
　⇩勝01／1131（大多喜）
真光寺前 9：22
海の博物館12：23
　⇩勝01／1131（大多喜）
勝浦四角12：36
勝浦駅14：12
　⇩高速バス／日東交通
東京駅八重洲口16：04

▼勝浦駅９時発の小型バスは、前日と同じ運転士のハンドルさばきで漁港の集落を抜けた後、鵜原駅近くの真光寺前バス停に到着

▲民宿を営む家々に囲まれた路地を抜け、夏は海水浴場になるという鵜原の砂浜を望む

▼小さな漁船が休む勝場港から、素掘りのトンネルを1つくぐると、あじさい咲く遊歩道が「鵜原理想郷」へといざなってくれる

存知だった。「松の家」に泊まっていたと話すと、「商店街からもバスに乗れたんですよ」と教えてくれる。私たちは朝市で買った戦利品を勝浦駅のコインロッカーにしまったのだが、その必要がなければ、宿の近くのバス停からこのバスに乗ることもできたのだ。

　小型バスを使っている理由がすぐにわかるほど道は細く、対向車とのすれ違いにも気を遣う。運転士さんの技術はさすがのものだ。海沿いには入り組んだ小さなリアス式海岸が続き、トンネルと崖、そして小さな浜が交互に現れた。「集落」という言葉がふさわしいような家々が連なる。まるで映画の中に入り込んだような景色である。

　真光寺前でバスを降りる。運転士さんが「もしかしたら帰りのバスの担当も私かも」と言うので、また会えるのが楽しみになった。民宿の看板を掲げた民家に囲まれた道を歩き、海まで出る。実は大正初期、このあたりを別荘地にする計画があり、歌人の与謝野晶子も滞在して歌を詠んだという。その名も「鵜原理想郷」という夢の跡に、私たちは向かった。寂れた漁港・勝場港を通り、「鵜原理想郷ガイドマップ」という看板を発見した。「手弱女平」「黄昏の丘」「白鳳岬」といった大正ロマンな名前が並ぶ。天気はあまり良くないが、大正期の人々のハイカラ気分に浸りながら散策することにした。

　整備されているとは言い難い自然の道を上りきると「黄昏の丘」に出た。丘は小さな岬になっていて、四方が海と空に囲まれている。波の音。開放的な景色に、思わず深呼吸をした。天気が良ければ青い空に青い海が見える、きっとこれが「理想郷」なのだ。

　地図にあるとおり、順番に素敵な名

▲白凰岬から毛戸岬を見やると、緑の草原の丘の下は地層が露出した断崖になっていた

前の場所を巡ったが、別荘地というおしゃれな響きからはほど遠い、厳しい自然の風景が続く。大正期の人たちが求めていた「休暇」や「癒し」の感覚は、もしかしたら現代のそれよりももっと活動的で、情緒的だったのかもしれない。梅雨空から時折、降ってくる小雨の中、あざみややまゆりが緑の中で宝物のように花開いていた。

海中展望室から自然の海を覗き見る

海風が吹き、小雨がぱらつく中、「かつうら海中公園」に到着。海中展望塔を見学しようとチケット売り場に行くと、「海の中が濁っているため、割引料金で営業しています」と貼り出されている。ふだんは960円のところ、640円で入場する。海中展望塔は沖合60mの場所に沈められた塔で、階段で最下層の海中展望室まで行くと、水深8mの自然の海の中を窓から見ることができるという。「本日の水温20℃・透明度3m」とあるので、あまり期待はできないかな、と階段を降りていくと、どっこい、窓にたくさんの魚影が映っているではないか。このあたりは

▼鵜原海水浴場を見下ろす「黄昏の丘」と鐘つきベンチが設置されている「手弱女平」

▲やまゆりが揺れる遊歩道を進み、いくつかのトンネルをくぐって海中公園をめざす

▼「かつうら海中公園」の海中展望塔は、らせん階段が水深8mの海底まで続いている

寒流（親潮）と暖流（黒潮）のぶつかる場所で、そのため海の生物も多種多様なのだそうだ。展望塔のまわりは勝浦海域公園地区に指定されていて、漁は禁止されているという。

私は壁に貼り出された魚の写真や絵を参考に、窓を通り過ぎる魚たちを目で追った。水族館ではないから、写真や絵の魚が必ずしも見えるわけではない。黒っぽいのはどうもメジナのようだ。たまに縞柄のイシダイが横切ると嬉しくなる。確かに水は濁っていて、遠くまでは見通せないけれど、1つの窓から20～30匹の魚たちが一気に見える。海ってこんなに混雑しているものなのだろうか。釣りをやる人だったらきっと、塔の上から釣り糸を垂れたくなるに違いない。私もひたすら、身をひるがえして泳ぐ魚たちを見つめた。彼らのほうから、私たち人間はいったいどんなふうに見えているのだろう。

「かつうら海中公園」と道を挟んだ反対側に「海の博物館」があったので、こちらも見学していくことにした。この日（6月15日）は千葉県民の日だったため、本来は200円の入館料が無料になっていた。偶然のことだがありがたい。受付のお姉さんにお礼を言って中に入る。海にまつわる研究展示が充実しており、子どもから大人まで楽しめる内容である。海の生き物や自然についての展示から、実際に海の生き物を観察したり、実験したりできるコーナーまで、広くはないスペースだが、整理されて見やすい博物館だった。

| 勝01 | 海の博物館12：23
勝浦四角12：36 |

郷土料理に海の生活を肌で感じる

海の博物館前で潮騒を聞きながら、

この旅最後のバスを待った。天気はとうとう雨模様である。昨日からの運転士さんの顔がまた見られるだろうか、と待つと、果たして、あの小型バスがやってきた。運転士さんとはもう、すっかり顔見知りである。

「この後どこに行くの？」と運転士さん。勝浦の町に戻って、「割烹天平」というお店に行こうと思っていると話すと、「それなら勝浦駅まで乗っていかなくても、途中にもっと店に近いバス停がありますよ」と言う。親切な運転士さんに助けられっぱなしである。教えていただいたバス停・勝浦四角で、今度こそお別れだ。降りる直前に、「お名前を文章で紹介したいのですが……」と聞いてみたが、恥ずかしいから、と教えてもらえなかった。なので、この誌面を借りてお礼を言いたい。大変お世話になりました。

「割烹天平」はこぢんまりした店だったが、とても居心地が良かった。女将さんがとても気さくで、親切に話しかけてくれる。私たちが「郷土料理が食べたいんです」と伝えると、勝浦の郷土料理について、流れるように説明してくれた。「なめろ」は、新鮮な魚と、ねぎ・味噌・生姜・大葉を一緒にたたいて、生のまま食べるもの。「さんが焼き」は、「なめろ」のようにたたいた魚と、ねぎ・味噌・生姜・大葉のみじん切りを混ぜ、あわびの貝殻に詰めて焼いてから食べるもの。「まご茶」は、やはり新鮮な魚と、ねぎ・味噌・生姜を一緒にたたいたものをご飯にのせ、だし汁をかけて食べるお茶漬けのようなものだという。

私たちは3種の郷土料理すべてが味わえる「郷土料理セット」（2,160円）を注文した。

▲海中展望塔の窓を覗くと、悪天候とはいえメジナを中心とした魚たちの姿が見られた

▲千葉県民の日は無料開放の「海の博物館」に入館し、房総の海の生き物について学習

▼すっかり顔見知りとなった運転士の小型バスに乗車し、海の博物館から勝浦四角まで

▲旅の打ち上げは「割烹天平」で、「なめろ」「さんが焼き」「まご茶」の「郷土料理セット」を味わい、「腰古井」の盃を傾ける

▼小湊鐵道も共同運行している高速バス勝浦〜東京線の日東交通担当便で帰途に就いた

　まず運ばれた「なめろ」は、「皿まで舐めてしまうほどおいしい」というのが語源。今日はあじを使っていて、勝浦流だとお酢や梅酢をかけてさっぱりと食べるのだという。大葉の香りがたまらない。もちろんお酒は日本酒でしょう、と地酒のメニューを開くと、昨日気に入った「腰古井」があった。加藤さんと私はすかさず注文した。
「なめろ」の次は「さんが焼き」である。女将さんが「今日はいなだのたたきでやってみたの」と言う。たたくのは、そのときの新鮮な魚であれば良いのだそうだ。初めて食べる「さんが焼き」は、火の通り方が絶妙で、魚の身が生でもなく、固くなりすぎもしていない、ちょうど良い加減である。これが日本酒に最高に合うのである。あわびの貝殻に詰めて焼くことで、あわびの風味も加わるそうだ。
「まご茶」の語源は、女将さんによると「海の仕事は時間がないから、まごまごしないでサッサと食べろ」と言ったことに由来するそうだ。こちらのお魚は、今日はまぐろ。ご飯にのせてだし汁をかけ、お茶漬けにしていただく。薬味のみつばの香りが効いて、お酒の締めにはぴったりである。
　3種類の郷土料理がすべて魚のたたきというので、最初はどれも似た感じかなと思ったが、それぞれがまったく別のおいしさだった。海の生活に合わせた料理に、ここで暮らしてきた人たちの生き生きとした生活を想像した。
　勝浦駅のコインロッカーに預けた朝市の戦利品を忘れず取り出し、私たちは海の匂いとともに、勝浦駅近くのバス乗り場から、東京駅八重洲口行きの高速バスに乗り込んだ。
〔2018年6月14〜15日取材〕